教育部人文社会科学规划基金
"知识产权风险投资优化机制与政策研究"（10YJA630113）资助
浙江省自然科学基金
"创投机构投资新兴产业早期项目的动力机制研究"（LY15G030028）资助

创投机构
投资初创企业的
动力机制研究

马万里 ◎ 著

中国财经出版传媒集团
经济科学出版社
Economic Science Press

图书在版编目（CIP）数据

创投机构投资初创企业的动力机制研究/马万里著．
—北京：经济科学出版社，2018.9
ISBN 978 - 7 - 5141 - 9538 - 5

Ⅰ.①创…　Ⅱ.①马…　Ⅲ.①创业投资 - 金融机构 -
研究 - 中国　Ⅳ.①F832.48②F832.1

中国版本图书馆 CIP 数据核字（2018）第 161644 号

责任编辑：程辛宁
责任校对：王苗苗
责任印制：邱　天

创投机构投资初创企业的动力机制研究

马万里　著

经济科学出版社出版、发行　新华书店经销

社址：北京市海淀区阜成路甲 28 号　邮编：100142

总编部电话：010 - 88191217　发行部电话：010 - 88191522

网址：www. esp. com. cn

电子邮件：esp@ esp. com. cn

天猫网店：经济科学出版社旗舰店

网址：http://jjkxcbs. tmall. com

固安华明印业有限公司印装

710×1000　16 开　13.75 印张　230000 字

2018 年 9 月第 1 版　2018 年 9 月第 1 次印刷

ISBN 978 - 7 - 5141 - 9538 - 5　定价：68.00 元

（图书出现印装问题，本社负责调换。电话：010 - 88191510）

（版权所有　侵权必究　举报电话：010 - 88191586

电子邮箱：dbts@ esp. com. cn）

前　　言

　　创业投资（venture capital）是指通过向不成熟的创业企业提供股权资本，并为其提供管理和经营服务，期望在企业发展到相对成熟后，通过股权转让收取高额中长期收益的投资行为。我国的创业投资事业从 20 世纪末期起步，已经走过了 30 多年的发展历程。在这短短的 30 多年中，我国的创业投资从无到有，被投资企业从少到多，投资机构从国有或政府主导企业到民营及其他类型企业为主体，我国的创业投资发展速度令人叹为观止，但我国创业投资发展过程中仍存在一些问题。

　　总体上来看，由于我国创业投资行业起步较晚，与国外发达国家相比，其发展水平及质量都还存在一定的差距。创业投资的投资阶段更倾向于成长期企业，投资的初创企业中处于高新技术行业的企业占比还不够高。近五年，我国创业投资机构对初创期的企业的投资金额占比最高的 2016 年也仅为 30.3%，一般保持在 20% 左右，仅占总投资的 1/5。而从创业投资本身的定义来讲，其主要投资对象应该是不成熟的创业企业，创业投资行业投资数据显示出，许多高新技术行业初创企业未能得到创投机构的青睐，也因此许多具有科技创新、发展潜能的初创企业由于资金的缺乏不能得到进一步发展。不论是全国还是浙江省，都暴露出了同样的创投机构对初创企业投资不足的问题。因此，促进创投机构加大对初创企业投资是我国创业投资业急需解决的问题。

　　本书主要运用任务技术匹配理论、匹配可行性理论、技术—组织—环境理论、预期效用理论以及 MOTAD 模型模拟和结构方程模型方法等来研究创投机构投资初创企业的内生动力和政府推动创投机构投资初创企业的外在动力机制问题，并得到了一些有价值的结论和研究成果。本书共分为七章，具体内容安排如下：

第1章，绪论。主要提出本书要研究的问题，介绍本书的研究目标、内容和方法以及研究数据来源、研究的创新与不足等。

第2章，相关理论与文献综述。主要对创业投资、创业投资机构、初创科技型企业、创业投资决策行为等相关概念进行界定和明确。阐述了研究创投机构投资初创企业动力机制问题的理论基础，较为系统地总结了国内外学者关于创投机构投资初创企业动力机制相关问题的研究动态，并提出后续需进一步拓展和深化的研究方向。

第3章，我国创投机构对初创企业的投资现状研究。简要阐述了我国创投行业发展的新特征、我国创业投资项目的投资阶段分布、浙江省创业投资项目的投资阶段分布、创投机构投资初创企业（项目）的行业分布等情况，分析了创投机构投资初创企业存在的问题及成因，为后续理论研究做好铺垫。

第4章，创投机构对初创企业投资动力机制的理论研究。以"匹配性""可行性"二维矩阵为分析框架，基于任务技术匹配理论、匹配可行性理论，较为系统、全面地探究创投机构投资初创企业的内在影响因素及其相互作用机制；接着，基于技术—组织—环境理论探讨政府行为与政策推动创投机构投资初创企业的作用因素及其相互关系；最后，研究了多因素交互作用对创投机构决策影响机制。研究发现只有当初创企业需求特征与创投机构任务特征两者相匹配且创投机构认为在当期投资资金、增值服务能力、投资的绩效预期、监控能力等反映投资可行性的要素都具备时，创投机构才具备投资该初创企业的投资意向。政府作为创投机构投资初创企业的推动者可以通过影响创投机构内部的信息平台建设来影响创投机构与初创企业两者间的匹配性，通过影响创投机构的当期投资资金、增值服务能力以及投资的绩效预期来影响创投机构投资初创企业的可行性，最终达到影响创投机构的投资决策行为的目的。

第5章，基于MOTAD模型的创投机构投资初创企业的模拟研究：以浙江省为例。为充分考虑投资风险对投资决策的影响，本章首先以浙江省为例，将基于预期效用理论的 MOTAD 模型应用于风险决策，以寻求风险最小化情况下的收益最大化的投资组合；通过采用绝对偏差法对创业投资风险水平进行量化，并对 MOTAD 模型中的一些参数进行分析确定；接着，以"不同资金规模"、"免征增值税"及"发行债券"分别设计 MOTAD 模型的模拟情景，探究创业投资管理资金规模变化、免征 6% 增值税及发行债券对创业投资决策行为的影响效应；最后，根据实证 MOTAD 模型模拟分析的结果，对不同资金结构投资的"抗风险性"和"杠杆效应"进行分析。研究发现：第一，创投机构所拥有的资金规模对其投资项目结构、规模、收益与风险具有较大的影响效应；第二，"免征 6% 增值税"的税收政策对创业投资决策行为会产生较大影响；第三，资金规模、免征 6% 增值税双因素协同对创业投资决策行为的影响强度大幅提升；第四，如果政府的引导基金能够吸引更多的 GP、LP 资金，并且在政府引导基金支持下能够成功发债融得风险资本共同投向初创企业，这时的政府引导基金的杠杆率是最高的，也即政府资金的利用率最高。

第 6 章，促进创投机构投资初创企业的政策研究。本章首先阐述了鼓励创投机构投资初创企业的政策现状，分析了我国创业投资相关政策及存在的问题，浙江省创业投资相关政策及不足以及我国创业投资机构的政策需求；接着，介绍了以色列的 YOZMA（初创）计划、英国的股权支持模式、欧盟的欧洲投资基金（european investment fund，EIF）以及澳大利亚的创新投资基金（innovation investment fund，IIF）等有关政府引导基金国外发达国家的一些做法；对国外值得借鉴的创业投资税收相关政策进行了简要阐述，如资本利得税制度、合伙企业税收政策、特惠性税收政策以及英国企业投资计划（EIS）等；对国外值得借鉴的信用担保政策进行了简要阐述。最后，给出了国外相关政策对我国的启示。

第 7 章，结论及启示。在前 6 章研究的基础上，本章提出全书的主要研究结论以及以加快创业投资业发展、推动创投机构投资初创企业为目标的政策建议。

本书得到了教育部人文社会科学规划基金（10YJA630113）、浙江省自然科学基金（LY15G030028）的资助，本书的研究成果也是参与上述两个项目的研究团队成员马万里、张育玮、史婷婷、阮琦、文泓鉴、汪梦之等共同参与研究和协作的结果。在此感谢他们的贡献和付出！此外，本书的出版还得到了安丰创业投资有限公司的资助，以及经济科学出版社各相关部门的大力支持和帮助，在此也表示衷心的感谢！

特别要感谢在创业投资相关领域从事相关研究的国内外学术前辈，本书正是汲取了他们已有的研究成果的基础上才得以完成。在参考文献和注释中本书进行了标注，如有遗漏也绝非有意而为，只能深表歉意！

由于作者水平有限，书中难免有疏漏和不当之处，恳请各位专家和读者提出宝贵意见。

作　者
2018 年 6 月

目 录
CONTENTS

|第 1 章|
绪　　论

1.1　研究问题的提出

高新技术是社会进步和经济发展的关键要素。经过改革开放近四十年的努力，我国高新技术产业获得了较快发展，取得了不少瞩目的成就，但也应看到，我国高新技术产业尚处于全面发展的初期，还面临科技创新能力薄弱和竞争力不强等严峻挑战。为了保证中国经济持续、稳定的发展，国家需要有以创新为核心的经济增长模式。因此，加快对新一代科技型企业尤其是以重大技术突破、重大发展需求为基础的战略性新兴产业的初创企业的培育和发展，将会对中国未来经济的发展产生极其重要的影响。

由于初创企业的投资高风险，融资难已成为制约其发展的最大难题。2017 年 7 月 5 日，李克强总理在国务院常务会议上提到："要抓紧时间出台利好政策，加快投融资体制改革，进一步激发全社会投资创业热情和创新活力，这关乎中国国家竞争力和发展大局"，并在多次会议上强调，当前要推进我国经济转型升级，不仅要改造提升传统动能，更需要以创业投资为支撑，实施创新驱动发展战略，加快推进创新型国家建设。

创业投资作为全球公认的新投资模式典范，可以为战略性新兴产业注入早期的发展资金，协助选拔培育企业管理团队，开发出适合战略性新兴产业快速壮大的新型商业模式，对加快战略性新兴产业的培育发挥着重要作用。

创业投资的发展历史表明，创业投资作为一种高能资本，有效推动了新技术应用、新产品开发、新市场营造和新产业发展。据美国创业投资协会统计，美国创业投资年均投资额约占全美 GDP 总额的 21%，占全美就业岗位数的 11%。创新创业推动信息、生物、健康等众多新兴行业的发展，正是由于创业投资的介入，高新技术在竞争中不断从研发到转化再到产业化，成为美国新经济支柱（胡志坚等，2016）。

我国的创业投资事业从 20 世纪 80 年代起步，已经走过了 30 多年的发展历程。在这短短的 30 多年中，我国的创业投资从无到有，被投资企业从少到多，投资机构从国有或政府主导企业到民营及其他类型企业为主体，我国的创业投资发展速度令人叹为观止。据《中国创业风险投资发展报告（2017）》的统计，截止到 2016 年我国创投机构数量已达 2045 家，管理资本总额达 8277.1 亿元，创投机构数量仅次于美国。

回顾中共十八大以来，堪称我国创业投资的"黄金时代"。在党中央、国务院"大众创业、万众创新"的引领下，我国创业投资被重视程度全面提升，不少创投机构和天使投资人以实际行动支持战略性新兴产业、发现新价值、扶持新业态、培育新动能。创业投资已成为缓解初创企业融资难的有效方式，它可以发挥商业银行等传统金融机构无法替代的重要作用。但值得注意的是，近年来我国大部分创投机构仍注重于对处于成长期或成熟期的企业的投资，对初创企业的投资项目数和投资金额占比依然不高，甚至还出现一定程度的下降，这不仅抑制了初创企业创新创业积极性，同时也弱化了创业投资对高技术产业的培育功能。相比之下美国因风险资本的"催化"作用，扶持了一大批高新技术企业从小到大，从弱到强，使其成为全球创新能力最强的国家。那么创投机构投资初创企业的内在动力是什么？政府的外在推动又是如何发挥作用的？这些动力因素是如何相互作用驱动创投机构投资初创企业？政府政策应如何设计以更好地促进创投机构投资初创企业？回答这些问题对引导和驱动国内创投机构投资于初创企业，充分发挥创业投资对高技术产业的培育功能，促进技术与市场融合、创新与产业对接，孵化和培育面向未来的新兴产业，推动经济迈向中高端水平，具有十分重要的现实意义。

由于创业投资环境的不同，国际学术界有关欧美国家创业投资问题的研究结论对中国的现实借鉴与指导意义具有明显的局限性（蔡宁等，2009），同时，国内已有相关研究结论本身也存在着较大分歧，如对于政府政策的作用，有的学者认为政府政策能够引导风险资本进入初创期（汪洋，2012；尹小玲等，2012）；而有的学者则认为政府政策对创投机构投资初创企业的激励效果极其微弱，甚至抑制了创业投资的发展（杨大楷和李丹丹，2012）；还有一些学者认为政府支持应有合适的定位，应以市场化导向引导创业投资（宋立等，2013）。因此，要解决这些问题亟须在理论上做出进一步的拓展。

鉴于以上认识，本书将按"现状研究—理论研究—模拟研究"的研究思路，以我国创投机构为研究对象，建立创投机构投资初创企业的内生动力、外在政府推力、内生动力与外在推力耦合的作用机制模型，探究推动创投机构投资初创企业的关键动力因素构成及其相互关系和作用方式，并模拟政府政策对创投机构投资初创企业的影响效应，以进一步揭示推动创投机构投资初创企业的动力机制。

本书将推进对创投机构投资初创企业动力机制的理解，丰富创业投资理论，同时，对创投机构投资初创企业的实践和政府推动创投机构投资初创企业的政策设计提供参考。

1.2　研究目标、内容和方法

1.2.1　研究目标

在考察研究我国创投机构投资初创企业的现状、特征及存在问题的基础上，基于"匹配性""可行性"视角，构建创投机构投资初创企业的内在动力影响因素及作用机制模型；并在分析"政府行为与政策"推动创投机构投资初创企业的外在推力作用因素基础上，构建一个基于"政府行为与政策—绩效预期—投资意向"的作用机制模型，探索"政府行为与政策"对创投机构投资初创企业的影响机制，以在理论上揭示创投机构对初创企业的投资动力机制；在此基础上，拟在浙江省选择若干个具有代表性的创投机构（基金）为例，采用 MOTAD 模型方法，模拟分析创投机构内在动力因素和外部政府政策变化对其投资初创企业的影响效应，据此进一步提出促进创投机构投资初创企业的政策建议。

1.2.2　研究内容

本书研究主要包括以下四个方面的内容：

1.2.2.1　我国创投机构投资初创企业的投资现状、特征及存在问题研究

本书拟通过对我国创投机构投资初创企业的现状进行深入调研，了解我国创业投资的发展状况与基本特点，掌握创投机构投资初创企业的基本情况与存在问题，分析制约创投机构投资初创企业的主要因素，以及创投机构的政策需求。

1.2.2.2　创投机构对初创企业投资动力机制的理论研究

（1）创投机构投资初创企业的内生动力机制研究。基于"任务—技术匹配"理论，以"匹配性"和"可行性"二维矩阵为分析框架，在理论上构建一个创投机构投资初创企业影响因素作用机制模型，从创投机构投资需求与初创企业特征的"匹配性"和创投机构投资初创企业的"可行性"两个维度，探究影响创投机构投资初创企业决策的关键因素，以及投资匹配性、可行性与投资决策之间的关系。

（2）政府推动创投机构投资初创企业的作用机制研究。在考察"政府行为与政策"与创投机构的当期投资资金、初创企业投资绩效预期及信息平台建设等关系的基础上，基于"技术—组织—环境"理论构建一个"政府行为与政策—绩效预期—投资意向"的作用机制模型，探究外部政府行为与政策对创投机构初创企业投资行为的影响机制。

1.2.2.3　基于 MOTAD 模型的创投机构投资初创企业的模拟研究

以浙江省为例，基于上述现状研究和理论研究，拟在浙江省选择若干

个具有代表性的创投机构（基金）的投资案例，基于总绝对偏差最小化（minimization of the total absolute deviations，MOTAD）模型分析方法，以初创企业和创投机构的整体投资收益最大化与风险最小化为目标，将项目的可投资金额、期望收益和风险等因素纳入 MOTAD 模型，实证构建不同创投机构投资初创企业的决策模型；在此基础上，进行 MOTAD 模型的模拟分析，分析研究创投机构投资初创企业的内生动力因素和外部政策变化对其投资初创企业的影响效应，以进一步揭示推动创投机构投资初创企业的动力机制。

1.2.2.4 加快创投机构投资初创企业的政策研究

基于上述研究结果，在洞悉创投机构投资初创企业的内在动力机制和政府政策的外在推动机制的基础上，并借鉴国外鼓励创投机构投资初创企业的有关经验，提出加快推进我国创投机构投资初创企业的政策建议。

1.2.3 研究方法与技术路线

本书采用的研究方法主要有：

（1）文献查阅。广泛查阅国内外文献资料，跟踪了解创投机构投资初创企业的现状，梳理总结任务技术匹配理论和匹配可行性理论的概念及应用以及政府对创投机构投资初创企业的政策扶持等相关领域的研究情况，跟踪调查创投机构投资初创科技型企业内生动力系统的基本要素及作用机制以及政府推动创投机构投资初创企业的作用机制等研究现状。

（2）统计数据收集与实地调研。在全面、系统收集有关政府部门统计资料的基础上，对浙江省多家具有代表性的创投机构进行实地访谈，一方面，收集近年来创投机构所关注的初创科技型企业在管理团队、技术研发、知识产权、生产经营、产品销售等方面的具体数据以及创投机构在信息平台建设、当期投资资金、政府行为与政策、绩效预期、投资意向等方面的翔实数据信息；另一方面，了解创投机构的运作机制、投资偏好、投资意向以及投资中所面临的挑战和"瓶颈"等方面的情况以及创投机构的基本现状、企业性质、投资项目的等情况，为创投机构投资初创企业的内生动力机制和政府推动创投机构投资新兴产业初创企业作用机制的实证研究提供丰富的数据支持。

（3）规范分析。基于任务技术匹配理论和匹配可行性理论，剖析创投机构投资初创企业过程中的各项内生动力要素及其相互间的影响关系；基于"技术—组织—环境"（TOE）模型理论，围绕创投机构内部的信息平台建设、当期投资资金、投资绩效预期和创投机构外部的政府行为与政策各因素，科学地构建概念模型，探究创投机构投资初创企业的内生动力系统作用机制以及政府推动创投机构投资初创企业作用机制。

（4）实证分析。在参考国内外相关文献和北京市、浙江省、江苏省、上海市、湖北省、福建省等省份共 158 家创投机构（包括基金公司）问卷调查的基础上，利用 SmartPLS 2.0 软件检验创投机构对初创企业投资内生动力机制以及政府推动创投机构投资初创企业作用机制概念模型及研究假设的合理性，研究结论可为创业投资的决策行为及政府的政策制定提供理论参考。

（5）模型分析法。本书拟在浙江省选择若干个具有典型意义的创业投资机构案例，基于 MOTAD 模型理论假设，采用多目标非线性优化方法，以风险企业和创投机构的整体投资收益最大化和投资风险最小化为目标，对不同的典型创业投资机构分别构建 MOTAD 模型，实证模拟分析风险条件下创业投资的优化规模与结构及其在不同类型创投机构之间所表现出的差异性；以及基于 MOTAD 模型进行政策模拟，分析政策变化对创业投资决策优化的影响效应，据此进一步提出加快创业投资发展的有效政策与措施。

（6）比较分析法。本书在应用 MOTAD 模型对投资项目组合优化决策进行研究时，就不同资金规模的创业投资基金、税收减免前后、发债前后 MOTAD 模型模拟优化结果进行比较分析，探究政策环境等变化对不同类型创业投资机构投资决策优化的影响效应，比较分析结果将为创业投资机构的决策优化以及政府政策的创新提供理论依据。

本书拟采用的技术路线如图 1.1 所示。

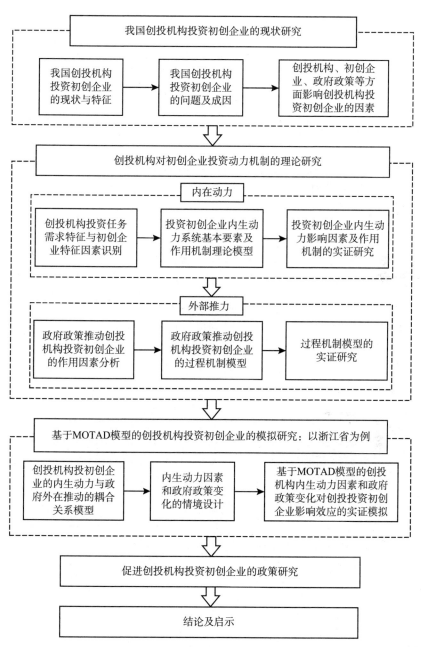

图 1.1　研究的技术路线

1.3 研究数据来源

1.3.1 调研数据

考虑到我国创业投资机构在地区及类型上的差异和所选样本的代表性以及笔者调研资源的有限性，笔者选择了对北京市、浙江省、江苏省、上海市、湖北省、福建省等省市共 158 家创投机构（包括基金公司）展开调研，其中以浙江省、北京市、江苏省、上海市的创投机构为主。在浙江省创业投资行业协会的支持和帮助下，调研小组按照访谈提纲（详见附录 1）对创投机构的高管和投资经理进行了访谈，在完成访谈提纲的访谈任务且对所调查的创投机构投资的基本情况有所了解之后，调研小组就创投机构投资初创企业内生动力机制研究以及政府推动创投机构投资初创企业的作用机制研究实证分析数据的获取进行了问卷设计（详见附录 2、附录 3），并通过分组分批多次上门拜访、邮寄调查问卷及电子邮件等方式对北京市、浙江省、江苏省、上海市、湖北省、福建省等省市共 158 家创业投资机构（包括基金公司）展开了问卷调查，问卷内容主要包括创业投资机构概况、初创企业特征、创业投资机构特征、创业投资行为、创业投资机构对初创企业的投资在资金、监控能力、增值服务能力等方面的准备以及投资的绩效预期和意向等，还有创投机构投资初创企业的当期资金、绩效预期、投资意向及信息平台建设、政府行为与政策等。问卷填写人主要为创业投资机构的高管及投资经理。通过问卷调查获得了创投机构投资初创企业的内生动力机制和政府推动创投机构投资新兴产业初创企业作用机制实证研究的一手数据。

本书第 5 章以浙江省为例，基于 MOTAD 模型的模拟研究中使用的数据，来自调研组对浙江省 102 家创投机构（包括基金公司）395 个投资项目的调研数据。

1.3.2 统计数据

本书中有关我国创业投资的投资阶段分布、近年来各年的投资情况以及累计投资情况、投资初创企业（项目）的行业分布等的分析数据以及浙江省创业投资机构投资项目投资阶段及投资额分布等的分析数据均来自于 2013 ~ 2017 年《中国创业风险投资发展报告》、2014 ~ 2016 年《浙江省创业风险投资发展报告》、2010 ~ 2016 年《中国风险投资年鉴》等政府部门和官方机构的统计数据与资料。

1.4　创新与不足

1.4.1　研究的创新之处

通过与现有国内外的相关研究成果相比较，本书的主要创新之处体现在以下几个方面：

（1）从创投机构投资任务需求与初创企业的"匹配性"以及创投机构投资初创企业的"可行性"视角，探究影响创投机构投资初创企业的内在影响因素，揭示创投机构投资初创企业内生动力系统的基本要素及其作用机制。在各种不同性质创投机构其投资动机、投资偏好、企业实力皆不同的背景下，现有的理论不能很好地对创投机构投资初创企业的动机和行为进行解释，本书是对创投机构投资初创企业相关理论的积极拓展。

（2）考察政府行为和政策推动创投机构投资初创企业的作用因素基础上，构建政府推动创投机构投资初创企业的作用机制模型，揭示政府行为和政策影响创投机构投资初创企业的具体影响方式和影响路径，并挖掘政府外在推力与创投机构投资初创企业内生动力的耦合关系。这将进一步丰富我国政府推动创投机构投资初创企业方面的研究成果。

（3）基于 MOTAD 模型对创投机构投资初创企业进行模拟研究。分析创投机构内在动力因素和外部政府政策变化对创投机构决策优化的影响效应，区分不同政策情境对创投机构投资初创企业的影响差异，考察政策环境对不同类型创投机构（基金公司）投资决策优化的影响，进而推进政府政策影响创投机构投资初创企业研究的理论深度和适用性。

1.4.2　研究的不足

创业投资在支持大众创业、万众创新促进供给侧资本型结构改革，特别是在提高直接投资比重中起到重要的资本力量的作用。创投机构对初创企业投资动力机制问题是一个比较复杂的研究问题，也是学术研究面临的一个新的课题。其原因，一是我国不同区域、不同类型的创业投资机构其规模、管理水平和风险偏好存在较大差异；二是创投机构外部投资环境复杂多变，涉及政策环境、监管环境、信用环境和法律环境，研究内容较为复杂。因此，本书研究创投机构对初创企业投资动力机制问题，存在以下三点主要不足：

（1）研究数据资料的局限性。由于笔者研究时间和能力的限制以及创投机构对投资运营数据的保密，虽然笔者已经尽了最大努力，但是调查样本规模较小，收集的创投机构的样本数据资料仍然有限。

（2）研究内容的局限性。由于我国创业投资发展仍处于初级阶段，创业投资机制尚未完善，以及创业投资的外部环境具有相当的复杂性和多变性，经济、科技、政府政策等都会对创业投资决策产生影响，在创业投资外部因素推动其投资初创企业的作用机制分析中，本书主要考虑的是政府政策的影响，其他还有不少能够对创投机构决策行为产生重要影响的因素无法被列入概念模型中进行研究，实为遗憾。这将有待于在后续研究中作进一步的探讨。

（3）模型模拟的政策情景设计尚可拓展。由于受到不少创业投资决策影响因素无法被准确量化的限制，本书在 MOTAD 模型模拟中，仅考虑"资金规模""发债融资""税收优惠"等模拟情景，而还没有考虑资本市场完善、知识产权保护等政策环境因素对创业投资决策优化的影响。因此，本书的MOTAD 模型的政策情景模拟尚需在后续研究中进一步拓展，以进一步提升本书研究的实际应用价值。

| 第 2 章 |

相关理论与文献综述

2.1　相　关　理　论

2.1.1　相关概念的界定

2.1.1.1　创业投资和创业投资机构的界定

在我国，对 venture capital 的翻译一直存在争议。成思危（1999）和刘曼红（2004）将其译为"风险投资"，以此来警示投资过程中所蕴藏的风险；刘健钧（1999）等则认为，venture capital 主要是对创业型企业的投资，因此应该突出"创业投资"，也有学者将两者综合在一起，将其译为"创业风险投资"。不同的译法分别突出了 venture capital 的两大特点，即高风险以及投资对象为初创企业。

由于 venture capital 主要是指向初创企业提供资金支持并取得该公司股份的一种融资方式。因此，本书采用"创业投资"的译法。同时，为了更好地完成本书的研究，本书将创业投资定义为一种向处于初创期具有成长性的企业提供资本支持及管理服务，并通过股权转让获得资本增值收益的一种投资方式。

创业投资机构是运作创业资本实现资本增值的主体，也是创业投资体系的核心部分，准确说来，它更像是一种连接投资者和投资对象的金融中介（周育红，2013）。资金流从投资人流进创业投资机构，创业投资机构根据自身的经验挑选优质的创业企业进行投资并为其提供一系列增值服务，在帮助企业成长的同时，寻找合适的时机退出创业企业，完成资本增值的全过程。为了便于表述，下文中将用创投机构来指代创业投资机构。

2.1.1.2 初创科技型企业的界定

初创科技型企业，从范围上来说，属于科技型企业的范畴，因为它是科技型企业成长生命周期中的一个发展阶段（江勇，2011）。关于科技型企业的界定，国内外还没有形成统一的认识。国际上，希尔曼和伯勒尔（Shearman & Burrell，1988）将其定义为所有在高技术产业中生产经营的新企业。迪曼塞斯库（Dimancescu，1989）认为只有专业技术人员比例和研究发展投资占销售收入比例都高的企业才被认定为科技型企业。

科技型企业由于自身的特殊性，其生命周期与一般传统企业相比既有共性，又有特性。因此，在传统企业生命周期理论的基础上，国内外许多学者对科技型企业的生命周期进行了研究。加尔布雷思（Galbraith，1982）将科技型企业的生命周期划分为：原理证明、原型、模型工厂、启动和成长五个阶段。汉克斯（Hanks，1993）等利用聚类分析的方法，以133家科技型企业为调查样本，将科技型企业的生命周期分为：初创阶段、扩张阶段、后扩张/早期成熟阶段和介于成熟向多样化转变的阶段。章卫民（2008）在前人研究的基础上，将科技型企业的成长阶段分为：种子期、初创期、发展期、成熟期和蜕化期五个阶段。

据国家税务总局的资讯，我国"初创"企业的界定标准主要包括三项：第一，成立时间不长。接受投资时设立时间不超过5年（即60个月）。第二，规模相对较小。接受投资时，从业人数不超过200人，其中具有大学本科以上学历的从业人数不低于30%；资产总额和年销售收入均不超过3000万元。第三，未上市融资。接受投资时以及接受投资后2年内未在境内外证券交易所上市。对"科技型"的界定标准只有一项，即接受投资当年及下一纳税年度，研发费用总额占成本费用支出的比例不低于20%。初创科技型企业不需要进行资质认证或登记，只需要满足上述相关条件即可（国家税务总局，2017）。

综上所述，本书将参照国家税务总局对初创科技型企业定义。此外，为了便于表述，本书的"初创企业"主要是指初创科技型企业，包括战略性新兴产业早期（初创期）项目。战略性新兴产业是新兴科技和新兴产业的深度融合。发展战略性新兴产业，不仅会对我国当前经济社会发展起重要的支撑作用，还将引领我国未来经济社会可持续发展的战略方向。

2.1.1.3 创业投资决策行为的含义

决策是人们在政治、经济、技术和日常生活中普遍存在的一种行为，是管理中经常发生的一种活动；它是为了实现特定的目标，根据客观的可能性，在占有一定信息和经验的基础上，借助一定的工具、技巧和方法，对影响目标实现的诸因素进行分析、计算和判断选优后，对未来行动做出决定（Charnes，1978）。创业投资的运作包括融资、投资、管理、退出四个阶段（刁珊珊，2006）。

本书所探讨的决策行为是存在于创业投资运作四大阶段中的投资阶段。而投资阶段解决的是资金如何使用的问题。专业的创投机构通过项目初步筛选、尽职调查、估值、谈判、条款设计、投资结构安排等一系列程序，把创业资本投向那些具有巨大增长潜力的创业企业，也就是对创业企业的投资规模和投资结构进行决策，以追求一定风险条件下，投资预期收益的最大化（Wells，1974）。

简言之，本书创业投资决策行为的含义主要聚焦在两点：一是对哪些行业的初创企业（项目）进行投资？二是分别投资多少资金？

2.1.2 任务技术匹配理论

2.1.2.1 任务技术匹配模型的提出

任务技术匹配模型（task-technology fit，TTF）起源于企业内部信息系统的研究，是古德休（Goodhue）于1995年提出的。与以往的技术接受模型不同，任务技术匹配模型不再采用用户评价（user evaluation，UE）作为判断用户是否接受及采用信息系统的依据，而是从匹配的角度来解释用户对信息技术的采纳与接受行为，即用户是否采纳某项技术取决于用户的某项任务需求、该信息技术执行相应功能所具有的特性以及用户个体能力之间的适配度（Goodhue，1995）。

笛伦和麦克伦（DeLone & McLean，1992）通过对 600 多篇文献的阅读与凝练，构建了一个信息系统测度框架，用于评估系统质量、信息质量、用户满意度以及使用情况对用户使用效果和组织使用效果的影响，该测度框架也成为任务技术匹配模型的基础。1995 年，古德休和汤普森（Goodhue & Tompson）将信息技术对绩效的影响因素模型分为两大类，即：聚焦于使用的模型（utilization focus model）和聚焦于匹配的模型（fit focus model）。两类研究都在对信息技术对绩效的影响上有一定的洞察力，但仍各有不足。聚焦于使用的模型，一方面，忽略了使用并不总是自愿的。对许多系统用户来说，使用频率高是由于系统具有完成作业设计的功能，而不是出于对信息技术质量的认可，或用户态度倾向于使用它们。在这种情况下，使用绩效将会更多地取决于任务技术的匹配程度。另一方面，尚未有研究表明，信息技术的使用率高一定可以提高用户的使用绩效。聚焦于匹配的模型则没有对系统的使用性采取足够的重视，系统只有被使用起来才能够对使用绩效产生影响。综合上述两类研究，古德休（Goodhue，1995）等在使用与匹配整合的视角下提出了技术到绩效的链接，如图 2.1 所示。

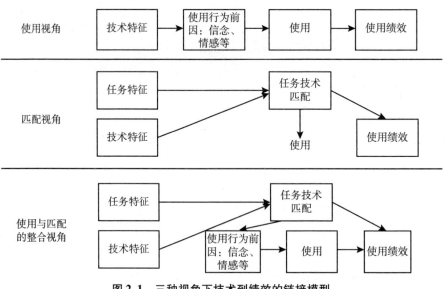

图 2.1　三种视角下技术到绩效的链接模型

使用与匹配视角下的链接模型的核心是技术绩效链（technology-to-performance chain，TPC），如图 2.2 所示。TPC 认为，信息技术要对使用绩效产生积极影响，那么这项技术：首先，必须是可利用的；其次，必须与其支持的任务非常匹配。因此，它清晰阐述了信息技术、用户任务与使用三者与使用绩效的关系。

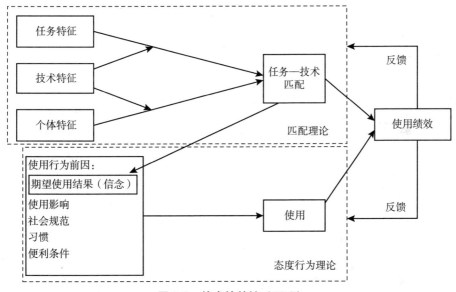

图 2.2　技术绩效链（TPC）

由于 TPC 模型过于庞大，难以在一项研究中整体验证，因此古德休和汤普森（Goodhue & Tompson，1995）仅针对 TPC 的核心部分进行了实证检验，从任务和技术到使用绩效，其中特别关注任务技术匹配的作用，被检验的子模型，如图 2.3 所示。

由图 2.2 和图 2.3 可以看出，被检验的子模型与 TPC 模型最大的区别在于子模型中任务技术匹配是直接作用于使用的。这是基于 TPC 的两个重要假设：一是 TTF 对用户关于使用结果的信念有重要影响；二是用户的信念会对使用产生影响。

同年，古德休（Goodhue，1995）通过对 10 个大型组织中 357 位员工进行调研，验证了 TPC 模型左上角的子模型，即任务特征、技术特征和个体特

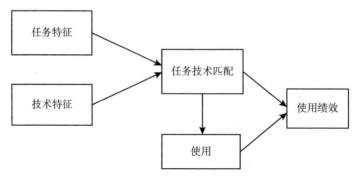

图 2.3　TPC 模型在古德休和汤普森（Goodhue & Tompson）中被检验的子模型

征对用户评价的任务技术匹配度的影响以及它们之间的交互作用。实证结果表明，信息技术或服务的特征、任务特征、个人能力均会直接影响用户评价的任务技术匹配度，且任务和技术间的相互作用也会影响用户评价的任务技术匹配度。通过古德休（Goodhue）团队的上述两个研究，任务技术匹配模型被正式提出。

2.1.2.2　任务技术匹配模型的应用

此后大量实证研究开始涌现，从不同背景下对任务技术匹配模型的稳健性和模型各变量之间的关系进行了研究。古德休（Goodhue，1997）等在古德休和汤普森（Goodhue & Tompson）验证的子模型的基础上加入了两个新的变量：反馈和可存取性，并将其应用于综合信息中心（integrated information center，IIC）对目标用户的影响研究。研究结果表明，模型中的所有假设都被显著支持，且因变量大部分的方差也被解释。古德休（Goodhue）讨论了任务技术匹配变量在之前研究中的开发、定义和测量，然后采用与古德休和汤普森（Goodhue & Tompson，1995）以及古德休（Goodhue，1998）研究中类似的问项在 10 个公司的 357 个用户中测量，结果发现任务技术匹配变量中的 12 个维度均具有很好的信度、区别效度以及预测效度。古德休（Goodhue，2000）实证检验了用户的实际测量绩效与自我评价的绩效间的关系，研究结果表明，用户自我评价的绩效只与两种实际测量绩效中的一种显著相关，还证明了任务技术匹配会影响使用绩效，且用户可以成功评价任务技术匹配这个潜变量。斯台普斯和塞登（Staples & Seddon，2004）将系统的使用分为自愿使用和强制使用两种，验证了技术绩效链（TPC）在这两种使用环境下的有效性。研究结果表明，在强制使用的环境下，社会规范显著影响使用行为；而使用者的信念仅在自愿使用的环境下对使用行为起显著影响。总的来说，TPC 模型有很强的预测能力。

作为一个有着较强解释力和操作性的理论模型，任务技术匹配理论在由古德休（Goodhue）提出之后也被广泛应用于其他领域，不仅包括企业内部信息系统，还涉及互联网、电子商务、移动商务等非工作领域（Dishaw & Strong，1998；曾晓雯，2006）。迪肖和斯特朗（Dishaw & Strong，1998）提出了 TAM 与 TTF 的整合模型，并将其应用于使用软件开发工具的影响因素分析，研究表明整合模型比从技术或任务单个角度分析开发工具使用的研究更具解释力。曾晓雯（2006）将任务技术匹配模型与计算机自我效能感模型相结合，通过对 9 个组织中 268 个样本进行问卷调查，研究了计算机自我效能感、任务技术匹配与个体绩效间的关系。研究结果显示，任务特征对任务技术匹配度有显著的预测作用，个体的任务和技术之间越匹配，个体感知到的使用绩效就越高。陆和杨（Lu & Yang，2014）在任务技术匹配模型的基础上提出了社会技术匹配模型（social technology fit），研究了任务、社会、技术特征与用户对社交网站的倾向之间的关系。韦尔斯和萨卡尔（Wells & Sarker，2003）等将电子商务网络的特性与任务技术匹配模型相结合，从内容、导航、互动三个方面测量"匹配"，其实证研究验证了将任务技术匹配模型应用于电子商务采纳领域的可行性。坎卡哈里、谭和伟（Kankanhalli，Tan & Wei，2005）将任务技术匹配模型应用于电子信息领域，实证检验了采用电子信息库进行信息搜集的影响因素。研究结果表明，感知输出质量会直接影响电子信息库对信息的收集。董铁牛（2007）在 TAM 模型的框架下引入 TTF 模型和感知风险（PR），构建了消费者网上购物的概念模型 TAM/TTF/PR，并在中国背景下进行实证检验。结果表明：消费者网购的任务技术匹配度会对其实际行为产生直接和间接的正向影响，并可以降低对实际行为有较大抑制作用的感知风险。加保尔和肖（Gebauer & Shaw，2004）提出了移动商务环境下的任务技术匹配模型，实证研究发现任务特征和技术特征均与移动商务设备的使用正相的，同时该研究也验证了任务技术匹配模型在移动商务背景下的适用性。李（Lee，2007）提出了基于任务技术匹配角度的保险业使用

PDA 移动商务系统的影响因素模型，着重考察了用户特性对任务技术匹配的影响。结果表明，用户的认知风格、职位经验和计算机自我效能是预测 PDA 技术在保险业务中相匹配程度的重要因素，而性别和年龄等用户特性变量对任务技术匹配没有显著影响。周涛（2009）等在 TTF 与 UTAUT 整合模型①的基础上，构建了移动银行用户采纳行为模型，分析影响用户采纳移动银行的因素。研究结果显示，除努力期望外，绩效期望、任务技术匹配度、社会影响和便利条件均显著影响对用户对移动银行的采纳行为；其中，任务技术匹配度显著影响绩效期望，而技术特征显著影响努力期望。许筠芸（2013）的研究从技术接受的感知因素和任务技术匹配度两个角度探究了用户在非工作环境下使用移动微博客户端发布微博的行为意愿影响机制。其实证结果表明，移动微博客户端的发布行为意愿由用户心理感知和需求技术匹配程度两方面共同决定。

2.1.3　匹配可行性理论

互联网行业的兴起，吸引了大量企业家的目光，他们一方面觊觎互联网的发展潜力，另一方面又惧怕互联网的不确定性所带来的风险，在这样的背景下，詹（Tjan，2001）首次在古典投资组合战略的基础上，提出了匹配可行性模型（fit-viability model）来评估企业对互联网投资组合战略的决策，如图 2.4 所示。詹（Tjan，2001）认为，通过将矩阵分为四个象限，能够为公司的每一项战略决策提供一个粗略的引导：是继续投资、重新设计、出售或分拆还是直接扼杀。例如，当一个决策行为的可行性很高而匹配性很低的话，显然应该考虑分拆；但如果一个决策行为的匹配性很高而可行性很低时，也许你只需重新设计来改善它的经济前景。其中，匹配性是指新的互联网投资组合战略与企业的核心竞争力、结构、价值和文化背景的一致性程度，可行性是指该互联网投资组合战略的潜在收益。虽然企业的最终决策取决于其特定的目标和环境，但詹（Tjan）的匹配可行性模型显然为企业家们提供了一种结构化和标准化的方法来评估其对互联网投资组合战略的决策。

---

① 即整合型科技接受模式（unified theory of acceptance and use of technolog，UTAUT）。

图 2.4 詹（Tjan）的匹配可行性模型

在詹（Tjan，2001）的研究基础上，部分学者对该模型进行了修正并应用于移动商务技术领域。新的匹配可行性模型中，匹配性维度测量了移动技术的功能能够满足任务需求的程度，而可行性维度测量了企业基础设施对该移动技术的支持力度（O'Donnell，Shelly & Jackson，2007；Liang & Wei，2004）。该模型中的可行性部分后被应用于马丁（Martin，2012）的研究中，其研究结果表明，移动技术和任务特征的匹配性会对企业绩效预期产生很大影响，是企业是否采用该移动技术决策的关键影响因素。

图尔班（Turban，2011）等随后也对匹配可行性模型进行了修正，提出了一个全新的匹配可行性模型来评价企业社交网络的使用绩效，如图 2.5 所

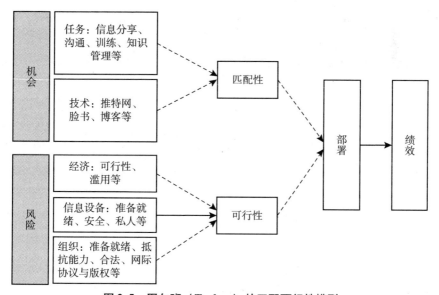

图 2.5 图尔班（Turban）的匹配可行性模型

示。图尔班（Turban，2011）的匹配可行性模型总结了企业采用社交网络工具或技术过程中需要考虑的主要因素，企业家可以采用这个模型来检验社交网络为企业带来的机会和风险，并据此评判某一社交网络是否能够解决企业的任务需求，在经济上和组织上是否可行以及企业是否有足够的技术能力来支持这一社交网络。如果某一社交网络项目对企业任务需求的匹配性高，且在组织上是可行的，那么企业就可以按照匹配可行性模型中的步骤为其部署一个科学的开发策略。

2.1.4　技术—组织—环境模型理论

技术—组织—环境（technology-organization-environment，TOE）理论是托纳茨基（Tornatzky）和弗莱舍（Fleisher）两位学者在1990年初次提出来的，最开始主要是强调信息技术本身对技术采纳的影响，后来随着理论的发展，开始考虑组织因素、外部环境因素带来的影响，所以学者们愿意将该理论应用于解释组织的技术整合和采纳行为。TOE理论模型，如图2.6所示。

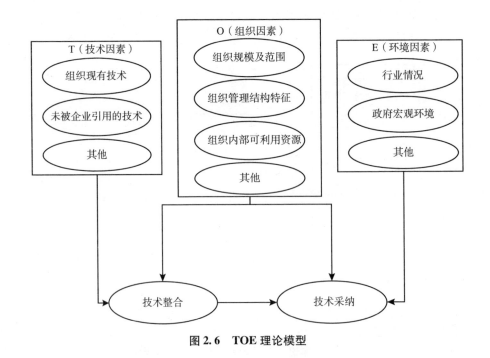

图 2.6　TOE 理论模型

模型中的 T、O、E 分别表示：技术因素，组织因素和环境因素。技术因素指的是组织现有技术或者市场上仍未被企业引进的适用的技术。组织因素通常指的是传统上组织的一些与资源利用和采纳相关的特征，例如，组织规模及范围、管理结构特性以及其他组织内部可利用的相关资源。环境因素是该组织开展业务或活动所处的宏观环境，例如，所处的宏观行业情况，竞争强度、政策环境等。

许（Xu，2004）采用 TOE 框架调查美国和中国的电子商务环境、经济环境和互联网组织环境之间的关系。高斯（Gosain，2005）采用 TOE 框架开发一个综合研究模型以评估创建电子商务在企业中的价值。

近几年针对各种信息系统领域内的组织技术的影响分析，学者们更倾向采用 TOE 模型方法来展开研究，因其集合了多重考虑且针对研究命题有着较高的全面性和延展性等特点。基于 TOE 研究框架，刘超纲、吴庆和熊立东（2006）分别从企业规模、技术的感知成本、高层主管的特性以及外部环境中存在的竞争压力、政府的推动作用等十项指标，来确定农业企业创新技术采纳的各类影响因素。

通过相关文献的阅读总结可知，模型中所说的技术特征主要关注技术本身存在的一些特点，组织因素通常是指组织类型、组织的规模还有组织现正运行的信息技术等，而外部环境指的是组织发展所处市场的竞争程度、政府政策等。

技术—组织—环境理论在国内学术研究中大多用于分析企业内部革新等，应用于创业投资机构和初创企业的研究仍是较少涉及。

2.1.5 预期效用理论

创业投资业是一个高风险、高收益的行业，创业投资决策者的风险反应是一个十分重要的经济现象。基于新古典经济理论的决策模型，是以信息完全为假设条件，追求投资者的利润最大化，各种不确定因素及决策者的风险态度没有被考虑，因此难以完美解释风险厌恶（规避）者的不同决策行为。由于创业投资者不可能掌握完全信息，且利润最大化也不是唯一的投资目标，当存在不确定性且投资者持风险厌恶态度时，以一定约束条件下利润最大化为目标的投资者行为理论就很难正确地解释决策行为。为解决风险对决策行为的影响问题，几十年来各种风险决策行为理论不断地产生。

早在 1948 年弗里德曼和萨维奇（Friedman & Savage）及此后的托宾（Tobin，1958）和马科维茨（Markowitz，1959）就开始进行有关风险决策行为的研究，但是其理论基础却是约翰·冯·诺依曼（John von Neumann，1994）和奥斯卡·摩根斯坦（Oskar Morgenstern，1944）在《博弈理论和经济行为》一书中创立，后经卢斯（Luce）、雷法（Raiffa）、阿罗（Arrow）以及普拉特（Pratt）等人完善和发展的预期效用理论（expected utility theory）。基于效用理论形成的各种预期效用最大化模型，可以分析投资者的风险反应及风险条件下的决策行为。

预期效用理论假定投资者的风险偏好具有连续性、完备性和传递性。连续性是指投资者的效用不断增加，例如，如果投资者对 A 的偏好胜于 C，那么对于介于 A、C 之间的任意选择 B，都可用 A 和 C 的组合来表示。完备性是指如果在 S 集合中可以对任意两个随机选项进行比较，称此二元关系，在集合 S 中是完备的，在实际决策中可以理解为决策者能够对所有可能的选择进行比较。传递性是指如果在 S 集合中存在着 $x \geq y$ 和 $y \geq z$，则可推出 $x \geq z$，在实际决策中可以理解为如果投资者对 A 的偏好大于 B，对 B 的偏好大于 C，则对 A 的偏好一定大于 C，从而产生偏好的传递性。效用理论的基本思想是追求效用最大化。如果某个随机变量 X 以概率 P_i 取值 x_i，$i = 1$，2，$\cdots$，n，而某人在得到 x_i 时的效用为 $u(x_i)$，那么，该随机变量给他的效用便是：

$$E[u(X)] = P_1 u(x_1) + P_2 u(x_2) + \cdots + P_n u(x_n)$$

式中，$E[u(X)]$ 表示关于随机变量 X 的期望效用，x_i 是财富指标，可用利润、收入、净资产等指标来表示，P_i 是随机变量的概率密度函数，$u(x_i)$ 是效用函数。

一系列关于个人需如何安排风险"情景"的公理在预期效用理论中被提出。只要各种可能结果能被个体估算为一系列一致的效用，那么基于预期效用最大化，就能形成与个体偏好相一致的决策。遵循该思路，就可以按每个方案预期效用的大小对其进行排序，并选择预期效用最大的方案作为行动方案。

由于预期效用理论允许广泛选择效用函数和概率分布并且考虑了不同决

策者对风险的态度，因而预期效用理论的应用十分普遍。尽管多年来，预期效用理论在经济学中一直是主要的决策理论（Mette Wik & Stein Holden，1998），但是关于该理论也有异议。例如，阿莱悖论（allais paradox）就是与预期效用最大化相悖的例子。但是同时一些经济学家的研究表明，几乎所有违背预期效用假设的情况都是在精心设计的实验中获得的（Mette Wik & Stein Holden，1998）。

巴希拉（Bar – Shira，1997）等研究指出，当结果或者概率不可区分时，才有可能违背预期效用假设。

虽然预期效用理论有一些缺陷和争议，但当通过修正效用函数而其假设条件被满足时，预期效用理论仍不失为一种有效的方法（Kahneman & Tversky，1979；Tversky & Kahneman，1992；Butler，2000）。事实上，预期效用理论不仅应用非常普遍，而且在该理论基础上还产生了很多应用广泛的模型方法，以至于该理论成为微观经济学中分析不确定性问题的"驮马"（workhorses）（Ross，1981）。

例如，农业经济学家的研究证明了人们实际行为与预期效用理论之间的一致性和吻合性（Dillon & Scandizzo，1978；Bar – Shira，1992；Elamin & Rogers，1992；Zuhair，Taylor & Kramer，1992），因此预期效用理论及其相关模型方法也被大量地应用于农业经济问题的研究。到目前为止，预期效用理论和模型仍然被农业经济学家用来研究风险和不确定性条件下农户决策行为的主要工具（西爱琴，2006；杨俊，2011；朱宁等，2013）。

值得注意的是，由于创业投资的高风险特征，使得在对创业投资决策行为进行研究时必须要考虑风险因素。因此预期效用理论及其相关模型方法也可以在对创业投资机构风险决策优化行为的研究时被采用。

2.2　国内外相关研究综述

2.2.1　创投机构投资初创企业内生动力机制相关研究

从根本上讲，创投机构投资初创企业的内在本源性动力是指其投资初创企业的内在需求和价值观念。对于内生动力的影响因素，可以总结归纳为以下几个方面：

（1）创投机构的自身因素，其中包括：第一，创投机构的性质。从企业性质来看，我国创投机构大体可以分为国有和民营两种，国有创投机构受国家政策的影响更大，往往更加偏爱于初创企业的投资（宋立等，2013）。第二，管理团队的专业背景、投资理念和从业时间。一般认为经验丰富，团队专业性高的创投机构，投资绩效更好，也更加敢于投资初创企业（苟燕楠和董静，2013）。第三，投资偏好和风险偏好。投资偏好一般包括地域偏好、阶段偏好和行业偏好等，创业投资家往往会根据自己的这些投资偏好对项目进行初步的筛选（刘曼红和胡波，2004）。不同的创投机构对风险的态度是存在差异的，一部分投资者可能喜欢大得大失的刺激，另一部分投资者则可能更愿意"求稳"。根据投资者对风险的偏好将其分为风险回避者、风险追求者和风险中立者。第四，激励机制。民营创投机构对初创企业的投资，大多选择高风险高收益的项目，而国有创投机构的初创企业投资决策大多与政府政策扶持有关（宋立等，2013）。第五，对初创企业进行投资的资金。初创企业需要的投资资金越多，其风险相对来说也就越大，而创业者又缺乏成功的创业记录，因此对创投机构来说，融资是个大问题（Jones & Mlambo，2009）。

（2）初创企业的特征因素。麦克米伦（MacMillan，1987）等人的研究发现，在诸多影响创投机构的投资决策因素中，创投机构最为看重的因素是企业家的素质和能力；弗里德（Fried，1993）等人的类似研究发现，创业投资家最大的关注点已经转向市场前景；卡普兰和斯特龙伯格（Kaplan & Stromberg，2000）对创投机构投资决策的跟踪研究显示，创业投资家比较关注项目企业的市场规模、公司战略、技术、竞争、管理团队以及投资条款。此外，初创企业所处行业、所在地区（地理位置）等也是创投机构在投资初创科技型企业时关注的因素（刘曼红和胡波，2004）。

（3）外部环境因素，包括政府政策、创业环境（法律、信用、稳定的经济运行环境）、后期阶段项目投资的年化收益率等，这些因素都可能对创投机构投资初创企业的内在需求和价值观念产生影响（宋立等，2013）。

不同背景的创投机构其资金来源不同，投资动机、获取和控制资源的能力不同，在投资中所表现出的投资策略、投资偏好以及投资后对企业进行监管和提供增值服务的能力也有很大的差异性（刘伟、程俊杰和敬佳琪，2013）；并且在投资过程中除了创投机构选择初创企业外，还存在一些具有竞争优势的初创企业选择创投机构的情况。因此，只有使投资双方相互"匹配"，双方才能都达到满意的结果，才能提高创业投资活动的成功率，降低风险，实现双赢（陈希和樊治平，2010）。

此外，在创投机构的投资过程中，特定的投资选择对于不同创投机构的绩效影响存在差异性（蔡宁和徐梦周，2009）。例如，开放网络下的低声誉创投机构虽然具备早期投资所需的信息优势，但由于缺乏资源优势难以帮助创业企业成长，因而，其早期投资行为更多的是一种冒险和冲动难以获利（蔡宁和徐梦周，2009）。可见，要获得投资的成功除了要考虑创投机构与初创企业的"匹配性"之外，创投机构是否有足够的培育初创企业成长的能力等这些体现投资"可行性"的因素也很重要（万树平和李登峰，2014）。

2.2.2 政府推动创投机构投资初创企业的作用机制研究

创业投资外部环境主要指影响和制约创业投资活动及其结果的经济、政治、法律、社会等各种因素的总称，是决定投资活动效果好坏的重要因素（马万里，2011）。国内外一些研究（例如，Manigart，2001；刘伟，2013）表明，"政府推动"是创投机构投资初创企业外在动力的关键因素。对于政府推动创投机构投资初创企业，现有文献主要从两个方面来阐述：一是政府的作用，二是政府的政策。

2.2.2.1 关于政府作用的文献综述

李洪（2016）认为随着互联网的普及、新技术的应用，政府应在市场化基础上适度引导、营造有利于创投行业发展的市场环境，以及创造项目企业与创投机构的优质交流平台。荣妍（2015）参考中国 2003~2012 年创投机构投资数据，探究我国政府政策对创业投资日新月异的发展起到了怎样的作用，结果显示我国政府（无论中央还是地方）对创投机构投资高新技术企业提供的支持远小于发达国家。姚梅芳、张兰和葛晶（2010）从政府在创投活动中的角色和作用、政府参与创投活动的模式、风险管理对政府出资的影响等角度对相关文献进行了梳理和总结，深入研究我国政府对创业投资发展影响的现状。郑克岭和张宇明（2007）总结了世界其他国家成熟的推动创业投资运行的事例，提出创投机构投资初创企业时，如果政府逐步建立适应其发展的创业投资环境将会提高其运作效率。政府应创造有利于创投行业发展的政策环境、金融环境、法律环境、人才环境和服务环境。中国学者杨军（2006）分析，认为政府的投入、所在区域的经济状况、科技的支撑等因素都会一定程度上影响我国创业投资行业的发展。秦军（2009）认为，政府扶持创投行业的手段有很多，如经实践证明信贷担保、税收减免、贴息降息等，是很有效用的。辜胜阻等（2005）认为政府要发挥其在创业投资领域中的作用，不宜作为创投活动主体而是一定程度上发挥重要的引导和扶持作用即可。赵成国和陈莹（2008）认为结合我国创投发展的实际，同时吸取国外发展的成熟方案，我国政府应该履行好适合的角色定位，以此可为创业投资行业的发展营造积极的氛围。从海涛和李秀成（2007）认为，政府对于创业投资的作用不在于直接参与，而是当发生市场失灵或者是金融体系资源配置出现问题的时候，政府发挥其影响力，维护市场秩序稳定，合理配置资源，并拉动私有部门的投资，以推进创投活动健康发展。蒋迎明（2004）提出发展初创期创业投资应该加强立法，以促进创投机构投资初创科技型企业。国外学者也有相关研究，例如，詹姆士·布兰德（James Brander，2010）认为，政府支持对创业投资的发展是很必要的。麦克·莱特（Mike Wright，2006）等认为应鼓励创投机构投资或参与大学的高新科技创业企业的发展，政府顺势应制定完善其运作的政策。巴赫曼和申德勒（Bachmann & Schindele，2006）认为政府应该将投资制度化，并从直接和间接两方面提出措施来发挥政府在创投行业应发挥的作用；直接措施是用公共资金参与创投，间接措施指营造出有利于创投机构投资初创企业发展的外部环境。莱斯利·曾和菲利普·威尔斯（Leslie A. Jeng & Philippe Wells，2000）的研究表明政府完善各项制度、调配恰当资源、投资建设基础设施等会对创业投资的发展产生重要影响。卡萨马塔（Casamatta，2003）研究认为，美国政府对新兴企业的扶持是通过政府采购等形式，本是为发展高新产业，但为了得到国会批准，往往分散到不同的州进行采购，这歪曲了资源配置的本意。美国政府责任办公室（GAO）于 1992 年研究指出，美国政府的小企业创新研究计划（SBIR）旨在鼓励企业创新研究，很多企业却设立专门的办事机构进行投机操作以获取支持，然而最终的资金也并未用于创新，而是直接生产利润，这必须引起警惕。

2.2.2.2 关于政府政策的文献综述

关于政府政策问题，主要包括：财政政策、人才政策两个方面。

（1）财政政策方面主要有：引导基金政策、税收政策和其他相关政策。

第一，引导基金政策。例如，朱文莉和刘思雅（2014）总结当前我国政府创业投资引导基金运作中存在的问题，提出了"明确创业投资引导基金的功能定位、建立信息库、平衡利益分配等"改善该模式运作效率的对策。于永信（2009）提出为推动民间资本投资处于早期阶段的新兴企业，政府可以采取出资成立引导基金这一途径。吴作章等（2008）提出政府导向型创业投资引导基金意味着政府是出资人，负责政策性引导基金运行，带动地方的创业投资机构经营，从而促进新兴产业发展。陈和（2006）总结处于种子期和起步期的新兴企业因面临着市场风险、管理等一系列潜在问题，商业性的创业投资机构出发点是谋利最大化，并不信任初创企业的收益前景，致使不轻易投资，政府基金因非营利性这一最重要的特点，很好地解决这一难题。乔希·勒纳（Josh Lerner，2010）认为政府引导基金是在政府层面的影响下，推动大量民间资本投身到创投机构投资初创企业活动，从而一定程度上缓解种子期、初创期项目融资难的问题。克拉丽丝（Clarysse，2009）等通过对英国、美国和以色列三国创投产业发展的比较，提出应建立由政府发起的"基金中的基金"（fund-of-fund），即"母基金"，它是一种专门投资于其他基金的基金，通过设立私募股权投资基金，进而参与到其他股权投资基金中。母基金利用自身的资金及其管理团队优势，选取合适的权益类基金进行投资；通过优选多只股权投资基金，分散和降低投资风险。目前，国内各地政府发起的创业投资引导基金、产业引导基金都是以母基金的运作形式存在的。政府利用母基金的运作方式，可以有效地放大财政资金，选择专业的投资团队，引导社会资本介入，快速培育新兴产业，尤其是政府希望扶持的新兴产业。卡明和约哈（Cumming & Joha，2009）研究表明，建立完善的制度和培养符合相应环境的创业投资管理者都是促使政府引导基金发挥效用的先决条件。

第二，税收政策。例如，王海勇（2015）研究提出创业投资发展离不开税收政策特别是所得税政策的有力支持。税收政策应更加注重运用所得税这一政策工具，完善现行创业投资所得税政策，加大创业投资税收政策扶持力度，构建统一、公平、高效的创业投资所得税政策体系。李艳艳和张明喜（2012）分析了税收政策影响创业投资的机理，并总结了创业投资税收激励政策的国际经验，即美国的创业投资受到低资本利得税和税收减免的双重激励，对美国创业投资行业的发展产生了重要的影响；英国政府通过三项法案采取了多项税收激励政策促进小企业获得创业投资等。刘健均（2010）认为税收政策可以作为一种最有效的财政杠杆。例如，英国在1995年推出了"创业投资股份有限公司促进计划"，该计划积极推动了创投机构对新兴企业的投资。曲顺兰（2004）认为，目前我国创业投资业尚在发展过程中，也仍存在着种种问题，应适应环境，制定全国统一推动国家新兴科技与产业进步的税收政策。凛等（Rin et al.，2006）通过对1988～2001年14个欧洲国家的比较研究发现，资本利得税率的降低可明显增加早期创业投资的份额。基什尼格和尼尔森（Keuschnig & Nielsen，2004）研究了美国政府颁布的财税优惠政策对风投的影响，结论是，首先，税收政策会直接或间接地影响创业投资企业；其次，从社会角度，政府的直接财政补贴会减少创业投资的福利，而从福利经济学角度，减免税收比直接财政补贴产生更好的效果。冈珀斯和勒纳（Gompers & Lerner，1998）研究了当时的美国风险资本市场，分析了整个创投行业的筹资情况和某些个别公司的筹资，其结论是降低资本利得税会让风险企业家更加热衷于资本。波特伯（Poterba，1987）提出了创投的需求受税率变化的观点，这是因为税率的下降鼓励了更多人参与创业，进而对创业风险资本产生更多的需求。

第三，其他相关政策。例如，学者张明喜和郭戎（2015）认为2013年国家出台的一系列政策，如《国务院办公厅关于金融支持经济结构调整和转型升级的指导意见》《国务院办公厅关于金融支持小微企业发展的实施意见》等，对于推动新兴企业或者众多小微企业的发展来说仿佛是一场"及时雨"，是提供了一片可供初创企业生长的优质沃土，随着体制的完善势必会推动初创科技型企业的迅猛发展。宋立等（2013）提出，应建立全国性或区域性的非上市股权交易市场，并加快建立支持创投机构投资初创企业的长效机制。薛文理（2007）提出，在推动初创企业创业投资的方式中，可采用政府担保，包括贷款担保和股权担保。此外，伯纳德和罗纳德（Bernard & Ronald，1998）在深入研究美国、日本和德国等发达国家的相关政策法规对其推动创业投资的作用之后提出，对于美国来说，创业投资可以成熟发展的一个重要的原因是其股票市场的成熟发达，这是其他国家金融体系都不能相比的。李刚和瞿群臻（2014）认为政府的公共资金并不能满足新兴产业初创企业的大额资金需求，而应该加强对创投机构提供相应的融资服务，发挥政府资金的杠杆作用。余泳（2011）认为，政府应通过风险补偿的手段来确保创业投资资金投资于初创企业，弥补传统商业性投资基金的不足。

（2）人才政策方面。国内方面，例如，蔡和原（2015）通过分析创业投资调查统计工作细则，认为细则从创业投资家自身发展、全行业发展、未来投资前景状况等方面细化了对人才的评价准则，同时要求创业投资机构负责人填写有关选项，提高了对人才考核的科学性、真实性，确保创投行业良好发展。杨大楷等（2012）提出政府应充分利用国有创业投资机构等多种渠道，积极引进海外创业投资人才尤其是早期投资人才，积极优化创业投资管理团队的人才结构，加强培养创业投资人才。刘健均（2011）认为创业投资家本身都不是生来就具备相关的技能，而是经过多年的历练与积累；建议政府应优化人才的培养模式，多管齐下，才可能满足我国在创投领域对人才的需求。邵同尧（2011）研究表明，税收优惠、人力资本、政府引导基金政策等相关政策法案都在一定程度上推动了创业投资行业的进步。马丁·宾克（Martin Bink，2006）认为政府应出台完善的政策来鼓励风投对具有希望的新兴企业进行投资，尤其是那些拥有高研发水平人才队伍的企业。

2.2.3 创业投资决策行为的影响因素研究

初创企业作为创投机构的投资对象，其所具备的特征状况对创投机构决策行为会产生极大的影响。对于创投机构来说绩效预期越好的初创企业，收到可观的投资回报概率越大，创投机构投资于该企业的意愿越强烈（文泓鉴，2016），也因此创投机构在对初创企业进行投资之前会进行评估。但同时，若初创企业想要获得创业资本的话，仅仅处于被动地位也是行不通的，这样的观点在佩特科娃、闰多瓦和古普塔（Petkova, Rindova & Gupta, 2013）的研究中得到了肯定，该研究指出初创企业可以通过一些活动来获得专业行业媒体的关注，由此增加他们在创业投资家眼中的感知价值潜力，从而获得创业资本。值得一提的是，并不是所有的初创企业都处于被动地位，伯托尼、达达和格里利（Bertoni, D'Adda & Grilli, 2016）指出最佳表现的初创企业将自我选择 VC 的市场。不过最能够吸引投资的还是初创企业自身具备的特征。研究者通过结合案例等方式分析了创投机构在投资初创企业时会注意以下几个方面的特征因素：第一，技术风险因素，包括新产品技术效果的不确定性及新产品生产过程的不确定性。第二，市场风险因素，包括难以确定市场对新产品的接受程度，难以确定市场接受的时间，难以对产品的市场扩张速度做出预测，产品的竞争力难以确定。第三，通常有眼光、商业经验丰富、胆识过人、诚信、执着、有团队精神和组织能力的管理者是创业投资公司寻找并愿意合作的对象。第四，组织结构因素，初创型小企业大多以研发部、生产部为主（委托加工型的企业多以研发部为主）。事实上随着产品走向市场，初创型小企业营销部门及售后服务部门的作用日趋明显。因此创投机构在进行投资评估时，营销部门和售后服务部门也是重要的评估部门。第五，人员稳定风险，由于初创型企业往往较小，人员变动也是难免的，但关键职位的人员变动频繁对企业来说是有损害的。第六，财务状况风险因素，初创型小企业大部分处于亏损状态，因此创业投资公司除了对风险企业自身的审慎调查外，对项目负责人及其团队的考察（如商业经验、个人资产等）也十分重视（何涛，2004；Islam et al., 2011；Zhou, Bao & Xiao - Fang, 2017）。

国外也有关于财务状况风险因素相类似的研究。例如，西弗斯和莫夸（Sievers & Mokwa, 2012）研究了财务和非财务信息与创业投资价值的相关性。基于手工收集的受创业投资支持的德国初创企业数据，研究了200多个投资轮次的内部尽职调查文件，发现大量可证实的非财务信息（如团队经验或专利数量）对于估值非常重要；不仅财务因素，非财务因素也是影响创投机构投资初创企业的重要因素。由于风险因素的存在，创投机构在进行项目投资前都需要科学地判断投资项目的价值，市场前景、管理团队、技术因素、财务状况、竞争对手、盈利模式、股权价格、公司治理结构、资信状况、投资地点等显得尤为重要，林立达（2008）在其文章中还指出，想要成功的投资于初创企业，创投机构必须摆正心态，配合和帮助初创企业的发展。米卢德、阿斯洛伦德和卡布罗尔（Miloud，Aspelund & Cabrol，2012）创建了一个综合的理论框架，对 102 个初创企业的 184 个早期风险资本投资轮次进行了实证分析，其研究结论在一定程度上支持了林立达的看法。米卢德、阿斯洛伦德和卡布罗尔（Miloud，Aspelund & Cabrol，2012）认为行业的吸引力、创业者和高层管理团队的素质显著正向影响创业投资家对新创企业的估值。谢军和周南（2015）两位研究者在其研究中也提到了创业者，他们以合法性作为理论框架，研究了创业者的不同先前工作经验与获得创业投资之间的关系，得出了更为直接的结论：创业者先行的行业经验和管理经验会积极影响其获得创业投资的关注。在米卢德、阿斯洛伦德和卡布罗尔（Miloud，Aspelund & Cabrol，2012）的文章中还提出了较为新颖的影响因素，他们认为新创企业的外部关系也能够显著正向影响创业投资家对新创企业的估值。与这些研究者不同的是，还有研究人员在其研究的众多影响因素中指出了最为重要的影响因素。史婷婷（2015）通过构建的创投机构投资初创企业内生动力作用机制模型，并采用 SEM 的方法对模型进行实证分析得出企业家个体特征是创投机构投资初创企业决策时考虑的首要因素。少量研究人员在研究创投机构投资初创企业问题时选取了更为细致的层次，例如，雷培莉和吴健（2009）研究了初创网络企业，认为创业管理团队质量和商业模式是影响创业投资最为关键的因素。

创投机构特征比初创企业特征更能够影响创投机构的投资意向（史婷婷，2015）。关于创投机构特征影响因素的研究，国外学者的研究较为广泛，例如，帕策尔特等（Patzelt et al.，2009）开发了一个风险感知模型来研究创投高层管理团队成员的教育水平和经验是怎样影响创投机构决定是否投资于初创企业。来自 136 个欧洲创投机构的高层管理团队和投资组合策略的数据显示，高层管理团队中科学或工程专业出身并且有企业创业经验的成员比例较高的创业投资公司更倾向于重点投资初创企业。国家发改委经济研究所课题组在 2013 年也进行了与帕策尔特等（Patzelt et al.，2009）相类似的调查，国家发改委经济研究所课题组在 2013 年关于《中国创业资本投资早期创新企业的基本状况》的研究中，以问卷调查的形式进行了调查统计，结果显示：创投机构管理团队的专业背景对其投资阶段分布具有影响。工科背景的管理团队更加倾向于初创阶段投资，我国东部地区理工科背景的管理团队和西部地区经济管理类背景的管理团队更倾向于初创阶段投资。管理团队教育背景对创投机构投资企业阶段也具有影响。本科及以下教育背景的管理团队和博士教育背景的管理团队更加倾向于初创阶段投资。管理团队创业投资从业时间对其投资企业阶段也具有影响。总的来看，管理团队创业投资从业时间越短，更倾向于初创阶段的投资。国外学者与国内课题组研究的结果有一个共同结论，工科背景的管理团队更加倾向于投资初创企业。与这些研究不同的是，汪洋和何川（2016）两位研究者将创投决策团队作为他们的研究对象，主要研究了决策团队的从业经历对初创项目选择的影响。他们认为创业投资决策团队中成员创业经历占比、海外发达地区工作经历占比越高，金融工作经历占比越低，则创业投资选择初创阶段项目的概率越大。决策团队中成员的研发经历也能够促进创投机构选择初创阶段项目。除了管理团队的领导素质外，创投机构的客观实力（包括经营年限、管理资本、投资项目数、累计已投资金额）、增值服务能力也能显著影响创投机构对初创企业的投资偏好，客观实力越强的创投机构越乐于投资初创企业；创投机构的增值服务能力越强，创投机构对初创企业的投资意向越容易达成（史婷婷，2015）。创投机构除了客观实力和管理团队素质外，社会资本也是创投机构的一个特征。创业投资家的社会资本如何影响其对于初创企业的资金供应？基于丰富的社会资本文献，亚历克西等（Alexy et al. , 2012）假设源自过去辛迪加的创业投资家社会资本对初创企业获得的资金数量有积极影响。具体地说，创业投资家社会网络的结构和关系方面，使得创业投资家能够较好地获得关于当前投资项目的信息，以及将来利用该项目的机会，因此增加了他们对于初创企业投资的意愿。来自网络和 IT 领域的超过 1500 个首轮融资的最新数据的实证结果，有力地证明了这一说法。

　　创投机构在对初创企业进行投资决策时，是居于一定的环境之中。针对创业投资行业所处的宏观环境（包含除创业投资两大主体以外的其他的所有因素，主要包括：政策环境、法律环境、经济环境等）。我国及国外学者都进行了大量的调查研究。贾建强（2005）借鉴全球企业家精神监控系统

（GEM）的企业家精神与经济增长关系的概念模型，将可能影响创业资本的因素分为以下几类：第一，国家宏观经济环境（主要包括 GDP 年增长率、失业率、劳动力生产率、R&D 投资增长率以及国家社会文化指数等）；第二，金融体系（主要包括资本化比率、股票市场重要性、股票市场相对于银行的重要性、IPO、非正式投资者活跃指数，以及投资者保护程度等）；第三，创业环境（主要包括初创企业率、雇员保护指数、教育培训指数等）；第四，市场管制（包括国家经济控制指数、贸易投资障碍等）。通过分析发现，各国对股东权益的保护程度对创业投资发展有促进作用，而国家对经济的干预、创业环境的不完善等则阻碍着创业投资发展。而后在对数据进行回归分析，从回归结果可以看出，决定创业资本投向初创企业的最重要因素是投资收益实现的环境和方式，这包括企业家精神、股东权益保护程度、创业障碍等因素。在影响创业资本投向的因素中，还可以看到雇员保护程度与其呈显著的负相关关系。

创投机构在对初创企业进行项目投资时，除了创投机构和初创企业自身的特征外，政府所营造的投资环境对投资决策也起到了不可忽略的影响和无法替代的作用。李琳（2009）从资源基础观点出发，研究了技术商业化、孵化器和创业投资支持对处于初创阶段企业绩效的重要影响。该研究采用回归分析方法检验了样本中的 122 个初创企业，研究结果强调了技术商业化在组织资源、创新能力以及新的合资公司绩效间的中介作用，证据还暗示了孵化器和创业投资支持调节技术商业化对初创企业绩效的影响。南达和罗德·克罗夫（Nanda & Rhodes – Kropf，2013）发现，在火爆资本市场形势下，接受创业投资支持的初创企业更可能走向破产，创业投资家在火爆市场下，投资风险更大，对有经验的创业投资家尤其如此。此外，作者的研究结果表明，在投资火爆的时期，通过对早期投资者给予降低投资成本，并允许他们做出风险性更高、更新颖的投资，增长的资本能将投资转向更新颖的初创公司。宁、王和许（Ning，Wang & Yu，2015）研究了与南达和罗德·克罗夫（Nanda & Rhodes – Kropf）相反的美国市场形势，这两位学者发现当经济形势变化时（即 2000 年"高科技泡沫"和 2008 年全球金融危机），为了应对这些巨大的变化，创业投资机构一般通过平均交易金额较小的较少交易来调整风险偏好和投资策略，增加对扩张和后期投资的分配。这说明，当宏观市场形势发生变化时，创业投资总额，其交易数量和每笔交易的平均金额均受宏观经济因素和公开市场信号的显著影响，更确切地说创投机构会缩小其投资规模同时减少对初创项目的投资额。以上研究大多基于发达的资本市场，伯托尼、达达和格里利（Bertoni，D'Adda & Grilli，2016）则指出在不发达的创业投资市场上，创投机构更多的将资本投资于有需要的初创企业，而不是具有最优绩效的初创企业。

实际上，宏观投资环境都是与政府政策相关的，政府政策对于宏观环境都存在一定的影响，并且政府政策无论是对整个宏观环境的影响还是创投机构对初创企业投资决策行为的影响都是举足轻重的。也因此关于政府对创业投资决策行为的影响研究较为丰富。法律制度和政策的制定是政府对创业投资行业发挥作用的最直接方式。若想使创业投资资本更多的流向初创企业，完善的法律制度是不可或缺的。在质量较差的法律制度中，中期和后期项目将获得最大的投资（Khoury，Junkunc & Mingo，2015）。与完善法律制度同样重要的投资政策也能对创业资本融资带来积极影响，阳（Yang，2016）使用中国1992～2012年的数据，结果显示政府投资政策的启动可以促使本地初创企业的创业融资逐渐发生重大变化。也有文献认为政府政策与行为对创投机构的当期投资资金有积极的正向影响（文泓鉴，2016）。大环境是由小细节决定的，首先政府可以为新兴项目构建平台或信息渠道，使得创投机构能够对初创企业产生更多的认知，加强创投机构的信息来源，促进创投机构对初创企业的投资（文泓鉴，2016）。同时政府还可通过使用税收政策、创业引导基金、创业风险补偿基金来鼓励创投机构增加对初创企业的投资（刘健钧，2010）。法律制度的保护也十分重要，卡斯泰拉内塔和康蒂等（Castellaneta & Conti et al.，2015）利用从1980～2012年在美国实现的创业投资初创企业交易的数据集就发现支持必须披露原则（一种商业秘密的法律保护形式）的法律增加了创业投资数额。作为政府最常使用的扶持方式——创业投资基金，世界各地的政府机构都已经设立了政府创业投资基金，并且呈现扩大趋势，其目的是促进创业投资业的发展以及缓和新兴创新企业权益资本的缺口。实际操作中，创业投资基金补贴本身的影响可能是微不足道的，短暂的。却也有学者发现受补贴的初创企业比非补贴初创企业吸引更多的人力和金融资本，这是因为与一个著名的政府组织的联系显示了该企业的合法性。

这种合法性对于吸引合格的员工和融资者来说是至关重要的（Söderblom et al.，2015；Colombelli & Krafft，2016）。支持这一结论的还有圭里尼和夸斯（Guerini & Quas，2016），他们以欧洲高科技初创企业为样本，发现获得政府创业投资引导基金能提高企业得到私人创业投资资金的可能性。但圭里尼和夸斯（Guerini & Quas，2016）认为这是因为政府有能力选择有发展前景的公司并向私人创业投资者证明这些企业。布兰德、杜和赫尔曼（Brander，Du & Hellmann，2015）更进一步发现，由政府和私人创业投资家共同资助的初创企业比仅由虽然创业资本投资或仅由政府创业资本投资的创业企业能获得更多的投资。同时，有着更多政府创业投资资金的市场中每个企业能获得更多的创业资本投资，市场中也有更多的创业机构资助的初创企业。这表明政府创业资本增加了私人创业资本。

从现有的国内外文献研究中，发现大多数研究停留在影响因素的判定上，主要关注的都是关于各影响因素对创投机构的决策行为的定性研究，忽略了创业投资决策行为影响因素的变化对创投机构投资决策行为的影响效应问题。并且在研究影响因素对创投机构投资决策行为作用机理时，也往往只考虑了某一因素或者单方面因素对创业投资决策行为的影响，鲜少有文献能够从创投机构、被投企业（即初创企业）、政府政策三方面来较为系统地研究创投机构决策行为的影响因素及其作用机理。需要说明的是，由于宏观环境中的政策环境对于创投机构对初创企业投资决策行为的影响最大，并且，宏观环境中，除政策环境外的其他因素都在一定程度上受到政府政策的制约和调控。本书后续章节中，主要对宏观环境中的政策环境进行研究讨论。因此，后续章节将以本章梳理归纳的影响因素为基础，较为系统地研究这些影响因素对创投机构决策行为的影响及其作用关系。

2.2.4 创业投资决策行为影响因素的研究方法综述

对于创业投资决策行为影响因素问题研究的方法也是各有不同，施瓦茨科夫等（Schwarzkopf et al.，2010）通过采访十位驻以色列创业投资人和四位入驻创业者（entrepreneurs-in-residence，EIR）研究了 EIR 对初创项目投资的影响效果。西弗斯、莫夸和凯恩伯里（Sievers，Mokwa & Keienbury，

2013）基于手工收集的受创业投资支持的德国初创企业数据，研究了 200 多个投资轮次的内部尽职调查文件，说明财务因素是影响创业投资初创企业的重要因素。国家发改委经济研究所课题组在 2013 年关于《中国创业资本投资早期创新企业的基本状况》的研究中也主要是采用问卷调查的方式。

学术研究中并不仅仅是文字说明，同样需要数据支持，所以也有许多的研究都使用了各种数据来进行问题研究。赵镝（2005）则是通过大量的调查研究数据的统计分析整理，并结合对创投机构的投资可行性报告的风险分析部分进行汇总分析，得到了在创业投资初期阶段影响创投机构进行投资决策的主要风险因素。帕策尔特等（Patzelt et al.，2009）开发了一个风险感知模型来研究相关因素怎样影响创投机构的投资组合策略的选择。亚历克西等（Alexy et al.，2012）则基于丰富的社会资本文献大胆提出假设，结合来自网络和 IT 领域的超过 1500 个首轮融资的最新数据进行实证。杨大楷和李丹丹（2012）基于 1997～2009 年中国 27 个省份的面板数据，用动态面板 System – GMM 估计方法对中国种子期、初创期创业投资的影响因素进行了实证研究。

在学术研究中较多的学者还是使用构建模型及数据实证的方式进行研究。例如，米卢德、阿斯洛伦德和卡布罗尔（Miloud，Aspelund & Cabrol，2012）通过创建一个综合的理论框架，并通过对 102 个初创企业的 184 个早期创业资本投资轮次进行模拟分析，研究出对创业投资家对新创企业的估值显著正向影响的因素。

学者们在关于创业投资决策行为影响因素的研究方法主要有访谈、调研、开发和构建模型、文献研究、数据实证等，由于大部分的研究方法未考虑风险条件下的创投机构的决策行为，并且也少有研究风险条件下影响因素对创投机构投资决策行为的影响效应问题。本书后续章节将采用 MO-TAD 模型来研究风险条件下影响因素对创投机构投资初创企业决策行为的影响效应问题。

2.2.5　创业投资风险度量方法的研究

风险度量一般是指对金融风险的度量，根据相关文献的收集和整理，了解到金融风险的度量大致经历了四个发展阶段：早期萌芽阶段；用方差、标准差、半方差、离差、绝对偏差等偏离期望值的各种变形形式来度量风险的阶段；VaR 方法阶段；CVaR 法阶段等。

早期的风险度量方法中，按照卡尔布尔（Karlborch，1969）的文献记载，英国保险精算师特伦茨（Tetents）在 1789 年第一个提出按照均值给风险进行排序的思想。经过一百多年后，在证券市场中被广泛用作利率相关证券的定价依据的著名的定量化期限结构理论于 1896 年被伊文·费歇尔（Fisher）提出。最早提出低于某个特定收益的下侧风险思想的人是费歇尔，他于 1906 年，对风险进行了定义："收益率降到低于利率水平线的可能性"。这些早期对风险的定义在内容上是不成体系的，对风险的度量也只是定性的分析，比较具有主观性色彩（单伟勋，2013）。

之后，学者们使用了方差、标准差、半方差、离差、绝对偏差等偏离期望值的各种变形形式来测度风险，最常见的当属方差、半方差以及绝对偏差。

在险价值 VaR（value at risk）方法被用作度量和管理损失，最早在 1963 年由鲍莫尔（Baumol）在管理科学领域提出。1993 年 4 月，《巴塞尔协议 I》颁布了基于模块方法的标准模型，首次要求用 VaR 来计算利率风险、汇率风险、资产风险和商品价格风险并加总。1994 年 10 月，摩根（Morgan）研发了一个被称作"风险矩阵"的系统，为 14 个国家的 300 多种金融工具风险度量提供支持。因为 VaR 是一种描述给定组合可能遭受损失大小的简单方法，所以被各国金融机构广泛应用。

阿尔茨纳等（Artzner et al.，1997）通过实证研究认为，VaR 在非正态条件下不满足次可加性，即 VaR 不是一个一致性风险度量（Artzner P，Delbasen F，Eberl N & Reah D.，1997）。基于对 VaR 的改进，在 1997 年理论界提出了 VaR 的改进方法，即条件风险价值（CVaR）。CVaR 与 VaR 的区别首先体现在：CVaR 是尾部损失的均值，不是一个单一的分位点，因此它对尾部损失的测量是充分的。阿尔茨纳等（Artzner et al.，1997）通过不同渠道证明 CVaR 是满足次可加性的，因此不论回报是否服从正态分布，CVaR 都是一致性的风险计量。理论界比较有代表性的投资风险度量方法的研究，见表 2.1。

表 2.1　有关投资风险度量主要方法研究汇总

研究方法	代表性作者	模型公式	利弊
方差法	马科维茨 (Markowitz, 1952)	有 N 种风险证券，$x = (x_1, x_2, \cdots, x_N)^T$ 是证券收益率（随机），$\mu = (\mu_1, \mu_2, \cdots, \mu_N)^T$ 为期望收益率，$\omega = (\omega_1, \omega_2, \cdots, \omega_N)^T$ 为一个投资组合，其中 ω_i 表示资金在第 i 种证券上的分配比率（$i=1, 2, \cdots, N$），且 $\sum_{i=1}^{N} \omega_i = 1$。$\Omega$ 表示随机变量 x 的协方差矩阵，a 表示投资者的目标收益水平，N 维列向量 $l = (1, 1, \cdots, 1)^T$。则均值一方差投资组合模型可表示为： $\min \omega^T \Omega \omega$ s.t. $\omega^T \mu = a, \ \omega^T l = 1$	利：统计特性良好，用其度量风险简单、方便，有比较强的适应性 弊：第一，真实风险的大小不能被准确度量。用它来指导人们按照风险最小的原则进行投资决策，有可能使投资者在有效地规避风险的同时，也与超额收益擦肩而过，这与实际不符；第二，方差法假设较严格，要求资产收益率及其联合分布是正态的（单伟勋，2013）
半方差法	马科维茨 (Markowitz, 1959)	把实际收益高于期望收益的部分不计入风险，只把实际收益低于期望收益的部分（即损失）计入风险，记： $(x_i - a)_- = \begin{cases} 0, & x_i \geq a \\ -(x_i - a), & x_i < a \end{cases}$ 则由 a 确定的投资组合的半协方差矩阵可表示为： $\sum(a) = (\text{cov}((x_i - a)_-, (x_j - a)_-))$ 从而可以将半方差投资组合模型表示为： $\min_{|\omega|} \sum(a)\omega$ s.t. $\omega^T \mu = a, \ \omega^T l = 1$	利：第一，风险的本质属性能够准确地反映；第二，假设条件简单，不需要服从正态分布的收益率，假设投资者为风险厌恶型 弊：设定目标收益率具有一定的主观性，但仍未完全解决潜在损失的大小以及损失发生的概率有多大的问题

续表

研究方法	代表性作者	模型公式	利弊
绝对偏差法	鲁杰罗·朱塞佩·博斯科维奇 (Roger Joseph Boscovich, 1957)，今野宏之、山崎正胜 (Konno, Yamazaki, 1991)	今野 (Konno) 和山崎 (Yamazaki) 提出用平均绝对偏差 (mean absolute deviation) 来代替方差。绝对偏差描述随机变量 X 偏离均值 EX 的程度，定义为 $E\lvert X - EX \rvert$，其模型可表示为：$$\min_{\omega} \lvert \omega^T x - \omega^T \mu \rvert$$ s. t. $\omega^T \mu = a$, $\omega^T l = 1$	利：使用总绝对偏差作为风险的度量可避免像使用方差作为风险的度量，可能会掩盖均值差异这样的问题。此外，该方法用投资收益率一阶矩来代替二阶中心矩，使发散的可能性进一步降低。因而从理论上说，风险的绝对偏差度量要优于方差度量 (徐绪松、王频和侯成琪，2004)
VaR 方法 (value at risk)	鲍莫尔 (Baumol, 1963)	VaR 从字面意思解释就是"在险价值"，一般被理解为在给定的市场条件和给定的置信水平 α 下，在未来某个持有期间 (holding horizon) 内，某一投资组合会发生的最大损失。用公式表示为：$P(\Delta p > \text{VaR}) = \alpha$ 其中 Prob 表示：资产价值损失小于可能损失上限内的概率。Δp 为资产组合在持有期内的损失，VaR 为资产组合在置信水平 $1-\alpha$ 下处于金融风险中的价值 VaR 方法被用来度量和管理损失	利：第一，较好地反映了风险的损失程度和可能性大小，第二，刻画了风险的二维属性。第三，更适合于收益率服从一般分布的风险的计量及管理 (苏经纬，2010) 弊：第一，计算上有许多种方法，如历史模拟法、Monote Carlo 法和分析法，各种方法计算结果相差较大。第二，一致性风险度量表示为各种组合资产头寸的函数，不具有次可加性。第三，由于 VaR 很难表示为各种金融风险组合，在进行投资组合优化时，仍无法对其进行直接优化 (肖甲山，2008)

续表

研究方法	代表性作者	模型公式	利弊
CVaR 法	阿尔茨纳等（Artzner et al.，1997）	基于对 VaR 的改进，在 1997 年理论界提出了 VaR 的修正方法，即条件风险价值（CVaR），其模型为： $CVaR_\beta = E[f(x, y) \mid f(x, y) \geq VaR_\beta] = VaR_\beta + E[f(x, y) - VaR_\beta \mid f(x, y) \geq VaR_\beta]$ 其中， $x = (x_1, x_2, \cdots, x_n)^T$ 是投资组合 n 中资产权重系数向量； $r = (r_1, r_2, \cdots, r_n)^T$ 是投资组合 n 中资产收益率的随机向量； $f(x, y)$ 是投资组合中的预期损失函数；β 是置信率 CVaR 是指在投资组合的损失大于某个给定的 VaR 值条件下的期望损失	利：第一，CVaR 是尾部损失的平均值，考虑了所有大于 VaR 的尾部信息。第二，可对风险实行双限管制。第三，满足阿尔茨纳等（Artzner et al.，1997）提出的一致性公理。第四，大样本事件能较好地被处理，且都存在最优解。 弊：CVaR 的计算精确度被尾部损失分布估计所影响；另外，CVaR 的计算也同样依赖于历史数据，而事实上尾部小概率事件的数据更难计算得到，所以对历史数据的选择同样会影响计算的结果（肖甲山，2008）

资料来源：作者整理。

综上所述，在对投资风险进行度量时，方差、半方差、绝对偏差等方法用得较多；VaR 方法和 CvaR 法主要被用作度量和管理损失。而从理论上说，风险的绝对偏差度量要优于方差度量（徐绪松、王频和侯成琪，2004）。对于绝对偏差方法的应用研究，国内学者武敏婷、孙滢和高岳林（2010）在均值—绝对偏差投资组合优化模型中，加入风险价值约束，给出了基于 VaR 约束的投资组合优化模型，以增强对投资风险的控制能力。张鹏（2011）建立了多阶段均值—绝对偏差投资组合模型，解决了多阶段投资组合优化问题。西爱琴（2006）将绝对偏差方法引入农业生产经营风险决策问题的研究中，以解决农业生产风险的度量问题。

2.2.6　创业投资组合优化决策研究

创业投资家可以通过投资项目的组合优化来降低风险。通过文献阅读，笔者将投资组合优化决策研究分为以马科维茨（Markowitz）投资组合理论为基础的现代投资组合理论以及行为组合理论两个阶段。

2.2.6.1　关于现代投资组合理论的研究

1952 年，由美国学者马科维茨（Markowitz）撰写的题为《证券投资组合的选择》的论文被发表后，标志着现代投资组合理论的开始。其研究问题的基点在于投资者的投资决策是对两个目标："预期收益最大化"和"风险最小化"的权衡（Markowitz，1952）。

著名的托宾分离定理是由托宾（Tobin，1958）提出，托宾（Tobin）认为其与马科维茨（Markowitz）所提出理论的主要区别在于：马科维茨（Markowitz）理论在于描述理性投资者的行为准则；而托宾（Tobin）理论主要在于揭示投资者如何遵循这些准则（邓瑞浩，2005）。

马可维茨的学生威廉·沙佩（William Shape，1963）建立了单因素模型，解决了标准投资组合模型应用于大规模市场面临的计算困难。除市场因素外，其他非市场因素（如利率、通货膨胀率、行业因素、失业率、汇率等）的变动也会影响股票价格的变化，针对这一情况，马歇尔·布鲁姆（Marshall Blume，1966）等人提出了考虑包括市场等多种因素的多因素模型。威廉·

沙佩（William Shape, 1964）、约翰·林特纳（John Lintner, 1965）、简·莫森（Jan Mossin, 1966）从实证经济学的角度出发，分别独立地提出了资本市场的资产定价均衡模型，称之为资本资产定价模型（capital assets pricing model, CAPM），该理论不仅被广泛应用于金融实践的诸多方面而且也在学术界产生了巨大影响。

在投资组合的优化决策模型中，应用最广泛的要属哈泽尔（Hazell, 1971）提出的 MOTAD 模型，它的基本思想是寻求风险最小化情景下的收益最大化的最佳投资组合。理论上，MOTAD 模型在解决预期效用问题方面与二次规划一样有效（Donald Johnson et al., 1981），目前该模型在国际上被广泛应用于农场生产的风险决策，不仅能较充分地描述微观农业的各种生产行为，且其建模方法和运算也相对简便。

国内外关于 MOTAD 模型的应用研究主要有：史蒂芬·福特等（Stephen A. Ford et al., 1995）建立了 3 个 MOTAD 模型，分别用历史数据、期货和期权数据来设定风险，其研究结果表明，使用历史数据在规划模型中进行风险度量，与使用基于期货及期权市场价格的信息所得到的结果同样好，甚至更好。A. W. 斯图特（A. W. Stott, 2003）构建了苏格兰的"母牛—小牛群"的农场风险决策 MOTAD 线性规划模型，模拟分析了牛病毒性腹泻（bovine viral diarrhea, BVD）疾病预防对整个农场的收益和农场收益的波动的影响。艾哈迈德·阿里·科赫哈等（Ahmad Ali Kehkha et al., 2005）采用 MOTAD 风险规划模型，基于从伊朗边远省份 31 个村随机抽取的 194 个农民的数据资料，研究风险对于耕作方式和农民收入的影响，以及风险对于稀缺资源影子价格的影响。其研究结论为：农民种植作物总收入的变化对农民耕作方式有显著影响，但随农民居住地区和个体特征不同而有所不同，种植作物数量较多的农场收益稳定性程度高，但是收益水平较低。陆文聪和西爱琴等（2005）以"总绝对偏差"最小化为目标函数，以浙江省典型农户为例，在构建农户种植制度选择的 MOTAD 模型基础上，对典型农户的生产行为进行了分析。杨俊（2011）利用 MOTAD 模型对农户在风险状态下如何优化农业生产组合进行了研究。朱宁和马骥（2013）采用 MOTAD 模型，通过对北京市蔬菜种植户的抽样调查，获得了相关截面数据，在此基础上对蔬菜种植户风险条件下的种植制度选择行为进行了实证分析。

2.2.6.2　关于行为组合理论的研究

在现代投资组合理论的基础上，行为组合理论（BPT）也蓬勃发展起来，该理论是梅尔·斯特曼和赫什·谢夫林（Meir Statman & Hersh Shefrin，2000）借鉴马科维茨（Markowitz）的现代投资组合理论，针对均值—方差法及以其为基础的投资决策行为分析理论的缺陷而提出的，从投资人的最优投资决策实际上是不确定条件下的心理选择的事实出发，确立了以 $E(w)$ 和 $\mathrm{Prob}(w \leq s) \leq \alpha$（其中，$E(w)$ 为预期财富，α 为某一预先确定的概率）来进行组合与投资选择的方法根基，以此来研究投资者的最优投资决策行为。

行为组合理论有两种分析模型：单一账户行为组合理论（BPT – SA）和多重账户行为组合理论（BPT – MA）。其区别在于：单一账户下，考虑协方差，投资者将所有证券组合合并在一个心理账户中；而多重心理账户下则将证券组合归入不同的账户之中，并忽视账户间的相关性（Statman Meir，1999）。

单一账户行为组合理论和均值方差模型的选择思想有点相似。(u, R) 平面中的均值方差有效边界是均值方差理论的核心，而（$Eh(W)$，Prob {WFA}）平面中的有效边界是单一账户行为组合理论的核心。

多重账户行为组合理论是建立在期望理论（prospect theory）（Kahneman & Tversky，1979）上的，主要说明人们在相对于一个收益与损失参考点的基础之上制定决策时的倾向。梅尔·斯特曼和赫什·谢夫林（Meir Statman & Hersh Shefrin，2000）提出投资者具有两个心理账户，分别对应高、低两个期望值，代表投资者既想避免贫困，又希望变得富有的愿望，其目标是将现有财富在两个账户之间进行分配以达到总效用水平最大化。

2.2.6.3　国内关于投资组合优化决策的研究

在马科维茨（Markowitz）获得诺贝尔经济学奖的 1990 年之后，国内学者掀起了对马科维茨（Markowitz）投资组合理论研究的热潮，黄小原和田澎（1992）是国内对投资组合决策进行研究比较早的学者。郑锦亚和迟国泰（2001）对基于差异系数极小化情况下的投资组合决策方法进行了研究。陈牧（2001）等人则思考了有效边界移动及融资因素对组合投资优化的影响。

国内学者为解决经典的投资组合理论计算量大的困难，把遗传算法、人工神经网络、模拟退火算法等优化方法也引入到投资决策问题的研究中（徐绪松和陈彦斌，2002）。熊和平（2002）证明了马科维茨（Markowitz）投资组合协方差矩阵正定的充分条件，提出当协方差矩阵非正定时，要么存在有效子集，要么存在套利机会。

对于创业投资组合优化决策的研究，主要有：杨青（2002）以决策理论为基础，建立了基于多目标动态整数规划的组合投资决策优化模型，探讨了创业投资规模、联合投资以及效用最大化的投资策略；王丽燕（2006）在对不同产业领域、发展时期的创业投资项目进行分类的基础上，构建了多目标动态整数规划组合投资模型；杨敏利、党兴华和涂宴卿（2008）基于行为金融视角，建立了基于投资者不同风险偏好的创业投资决策优化模型；于本海（2009）建立了基于 AHP 的软件项目创业投资方案择优模型；熊晶晶等（2011）构建了基于价值函数的单、多心理账户行为创业投资组合优化模型；苏祥哲（2012）用实物期权评价风险项目的投资机会价值及弹性价值，以期对创业投资决策的方法和评估手段予以改进。但上述这些研究并未在投资决策中充分考虑风险因素，没有对投资项目的风险进行系统的识别和量化，研究结论缺乏丰富的数据支持。此外，柳明珠等（2012）提出了三叉树复合期权模型，用于解决多阶段创业投资中每一个决策点同时存在延迟、扩展以及放弃投资这三种决策状态的投资决策问题；郑君君（2013）运用拍卖、机制设计及演化博弈理论来研究解决非对称信息下不同阶段创业投资的决策优化问题。但这些研究并未涉及创业投资决策的优化反应机制及其表现形式等问题。

综上所述，国内关于创业投资组合优化决策问题的研究取得了不少成果，为后人的研究打下良好基础，但仍有改进空间。在研究内容上，现有研究主要集中在创业投资家对初创项目（企业）的选择决策上，未涉及创业投资决策的优化反应机制及其表现形式等问题。在研究方法上，研究结论的提出缺乏丰富的数据支持，深入结合具体案例进行分析也不多见。

本书拟在浙江省选择若干个具有代表性创投机构的创业投资基金为案例，基于 MOTAD 模型分析方法，以被投企业和创业投资机构的整体投资收益最大化与风险最小化为目标，针对不同的投资基金，分别研究风险条件下创业投资项目的优化规模、结构及其相应的投资收益与风险，以在微观层次上揭示不同类型创投机构的风险决策优化反应机制。在此基础上，对 MOTAD 模型进行政策模拟，分析政策变化对创业投资决策优化的影响效应。

2.3 本 章 小 结

本章首先对本书中涉及的创业投资相关基本概念进行界定和明确，然后阐述了关于创投机构投资初创企业动力机制问题研究的理论基础，分别是任务技术匹配理论、匹配可行性理论、技术组织环境理论以及预期效用理论。接着，围绕创投机构投资初创企业内生动力机制、政府推动创投机构投资初创企业的作用机制、创业投资决策行为的影响因素、创业投资风险度量方法、创业投资组合优化决策等方面对国内外创投机构投资初创企业动力机制相关研究进行了综述。从现有文献来看，尽管国内外不少学者从不同的角度研究了创投机构投资初创企业动力机制相关问题，为后人的研究打下良好基础，但尚有不足之处。通过上述文献梳理，笔者认为，研究创投机构投资初创企业的动力机制问题，需要在以下两个方面进一步拓展和深化：

第一，研究内容。现有研究着重关注影响创投机构投资初创企业动力的主要因素，但较少关注各个因素之间的内在关系及相互作用机制，因此，研究创投机构投资初创企业问题，应该以"匹配性""可行性"二维矩阵为分析框架，系统、全面地考察创投机构投资初创企业的内在因素及其相互作用机制，同时也应该研究政府政策对创投机构投资初创企业的影响作用，揭示推动创投投初创企业的内外动力机制，以补充和完善现有创业投资理论。

第二，研究方法。国内现有对创投机构投资初创企业动力机制问题的研究，不仅研究数量较少、尚未形成一个比较完整的理论体系，而且大部分研究都基于感性认识，缺少基于实证或模拟方法的规范研究。因此，研究创投机构投资初创企业问题，应该以我国本土创业投资环境为出发点，采用系统模拟与情景分析方法，分析研究不同内外因素对创投机构投资初创企业的影响效应，以进一步揭示不同内外因素对创投机构投资初创企业的作用机制。

| 第 3 章 |
我国创投机构对初创企业的
投资现状研究

3.1 我国创业投资发展现状概述

近年来，伴随着中国供给侧结构性改革深入推进、"新三板"分层制度完善，"深港通"开闸，创新创业活动高涨，中国创业投资行业又进入了快速发展期，整个行业在募资、投资、退出方面出现了不同程度的增长，孕育着新的发展机会，新高能资本供给动能正在形成。

3.1.1 我国创投行业发展的新特征

与前几年相比，总体而言，我国创投行业发展呈现出以下新特征（胡志坚、张晓原和张志宏，2017）。

3.1.1.1 机构与资本数量持续增长，专业化管理机构大幅增加

截至 2016 年，我国创投行业机构数达到 2045 家，较 2015 年增加 270 家，增长 15.2%。其中，创业投资基金 1421 家，较 2015 年增加 110 家，增幅 8.4%；创业投资管理机构 624 家，较 2015 增加 160 家，增幅 34.5%；披露当年新募集基金 152 家，新募集基金管理资本 1016.1 亿元（见表 3.1）。

表 3.1　　　　　　　中国创业投资机构总量、增量（2007～2016 年）

项目	2007年	2008年	2009年	2010年	2011年	2012年	2013年	2014年	2015年	2016年
现存的 VC 机构（家）	383	464	576	867	1096	1183	1408	1551	1775	2045
其中：VC 基金（家）	331	410	495	720	860	942	1095	1167	1311	1421
其中：VC 管理机构（家）	52	54	81	147	236	241	313	384	464	624
当年新募集基金（家）	76	89	135	215	167	146	123	169	197	152
VC 机构增长（%）	11.0	21.1	24.1	50.5	26.4	7.9	19.0	10.2	14.4	15.2

资料来源：《中国创业风险投资发展报告（2017）》。

一个比较明显的趋势是，创投基金采取委托管理的模式日益盛行，越来越多的基金将其日常管理与投资功能委托到专业的创投管理机构进行管理，2007～2016 年，创投管理机构由 52 家增加到 624 家，增长超过 10 倍。2016 年，全国创业投资管理资本总量达到 8277.1 亿元，较 2015 年增加 1623.8 亿元，增幅为 24.4%；管理资本占 GDP 比重达到 1.11%；基金平均管理资本规模为 4.05 亿元。与国外相比，近年来我国创业投资发展迅猛，2016 年创投机构数量与管理资本规模仅次于美国。

3.1.1.2　募资来源多元化，银行等金融资本不断涌入

近年来，中国创投募资的资本结构日趋多元化。据统计，2016 年资金来源中仍以政府占主导地位，合计占比 36.13%；民营及混合所有制企业资金占比 24.02%；外资企业占比 4.42%。值得一提的是，2016 年随着相关政策的出台，银行、保险、证券等金融机构资本的占比大幅增加，社保基金也开始进入市场。

3.1.1.3　投资项目总量减少，投资强度大幅增加

2016 年，整体中国创投市场投资项目数较上年有所下滑，当年披露机构投资项目数 2744 项，较 2015 年下滑 19.8%；披露项目投资金额达到 505.5 亿元，较 2015 年增加 8.6%，占全国 GDP 比重的 0.068%，项目平均投资强度 1842 万元/项，较 2015 年增加 69.1%。其中，投资于高新技术企业项目

634 家，较 2015 年减少 23.1%；投资金额为 92.1 亿元，较 2015 年减少 21.4%，项目平均投资额为 1453 万元。可见，2016 年单笔项目投资额明显高于往年，项目估值增大，大手笔的投资有所增加，但高新技术企业项目投资期可能较为靠前，单笔项目金额略小。

3.1.1.4　市场化的孵化平台/组织日渐成为重要的项目来源渠道

据调查显示，2016 年中国创业投资的项目来源仍然以"政府部门推荐" "朋友推荐""项目中介机构"三个渠道为主。但三者占比之和从 2013 年的 64.5%持续下降到 2016 年的 50.7%。值得一提的是，近年来，随着"双创" 的环境营造，"众创空间（孵化器）"已经成为创业投资项目来源的重要渠道之一，2016 年来自该渠道的占比进一步提升，达到 11.3%，创投人驻创新资源（孵化器）已成为新常态（见表 3.2）。

表 3.2　　　　　创业投资机构项目信息来源渠道（2012～2016 年）　　　　单位：%

年份	信息渠道								
	政府部门推荐	朋友推荐	项目中介机构	股东推荐	项目业主	银行介绍	媒体宣传	众创空间（孵化器）	其他
2012	25.2	19.2	18.6	13.2	11.5	6.9	2.2	—	3.2
2013	25.5	19.9	19.1	13.2	10.1	6.0	2.6	—	3.6
2014	24.9	17.7	17.1	14.3	11	7.4	3.9		3.6
2015	21.3	14.6	15.2	13.9	11.3	7.1	3.5	10.4	2.7
2016	20.2	15.4	15.1	14.1	11.5	6.1	3.5	11.3	2.7

资料来源：《中国创业风险投资发展报告（2017）》。

3.1.1.5　退出步伐略微放缓，长期投资、价值投资逐渐成为主流理念

2016 年，受资本市场总体平稳发展，多层次资本市场不断完善，养老金入市等积极影响，创业投资项目退出总体表现良好。全年共有 101 个项目通过 IPO 方式退出，与 2015 年相比大体持平，但占比略有上升，达到 17.32%。相对而言，并购交易仍然是退出的主要渠道，退出项目数达到了 173 项，占比 29.67%；此外，2016 年项目退出行情总体偏弱，回购（40.14%）与清算

（8.06%）占比均较 2015 年有所增加。

总体而言，整个行业投资退出步伐略微放缓，项目平均退出时间为 4.13 年，长期投资与价值投资日渐成为行业主流理念；整体行业平均收益率达到 29.69%（胡志坚、张晓原和张志宏，2017）。

3.1.1.6 政策监管日趋规范，投资环境不断优化

近年来，我国各级政府高度重视创新创业，出台了一系列政策措施推动创业投资行业成长。据调查显示，2016 年我国 29.2% 的创投机构获得了政府提供的信息交流服务；20.3% 的企业获得了各级政府的税收减免政策；17.6% 的企业获得了政府的直接资金支持（胡志坚、张晓原和张志宏，2017）。

2016 年，国家深入实施创新驱动发展战略，加大推动供给侧结构性改革，进一步完善了创投行业的相关管理政策。特别是 2016 年 9 月，国务院印发了《关于促进创业投资持续健康发展的若干意见》，从投资主体、资金来源、政策扶持、法律法规、退出机制、市场环境、双向开放及行业自律与服务八个方面提出进一步促进创业投资持续健康发展的指导性意见，为促进创业投资做大、做强、做优提供了坚实的制度保障。此外，《关于完善股权激励和技术入股有关所得税政策的通知》进一步降低了股权激励的税收负担。中国银监会、科技部、中国人民银行等部门联合开展的"投贷联动"试点，将进一步引导创投服务实体经济的力度。

3.1.2 我国创业投资的退出方式及其绩效表现

3.1.2.1 我国创业投资的退出方式

我国创业投资的退出方式主要有：上市（IPO）、并购、回购、清算以及其他（含新三板）等，从 2009～2016 年中国创业投资退出方式分布的统计数据（见表 3.3）来看，回购在所有退出方式中占比最高，是主要的退出方式，排第二位的是并购，接着才是上市（IPO），最后是清算及其他方式。例如，2016 年全年共 583 笔退出交易披露了退出方式。按照退出渠道划分，创

业投资的企业中共有 101 个项目通过 IPO 方式退出，在所有退出方式中仅占 17.32%。相比而言，并购交易仍然是退出的主要渠道，退出项目数达到了 173 项，在所有退出方式中占比为 29.68%；此外，2016 年项目退出行情总体偏弱，回购占比与清算占比均较 2015 年有所增加，合计占比为 48.2%。

表 3.3　　　　　中国创业投资的退出方式分布（2009～2016 年）　　　单位：%

年份	退出方式				
	上市（IPO）	并购	回购	清算	其他（含新三板）
2009	25.30	33.00	35.30	6.30	0.00
2010	29.80	28.63	32.82	6.87	1.91
2011	29.40	29.97	32.28	3.17	5.19
2012	29.41	15.86	45.01	6.65	3.07
2013	24.33	23.75	44.83	4.60	2.49
2014	20.72	36.02	36.02	4.83	2.41
2015	15.51	31.02	37.52	6.50	9.45
2016	17.32	29.68	40.14	8.06	4.80

资料来源：《中国创业风险投资发展报告（2017）》。

3.1.2.2　我国创业投资不同退出方式的绩效表现

从 2009～2016 年不同渠道的创业投资退出项目总体收益率情况来看（见表 3.4），通过上市（IPO）退出的收益率是最高的。例如，2016 年，我国资本市场上证指数在 2700 点至 3100 点波动，资金面临流动性压力，A 股上涨空间有限，但上市退出收益率仍然高达 922.12%，即平均账目回报 9.2 倍，达到历史最高水平；退出方式收益率排第二位的是并购，2016 年通过并购退出的项目收益率也出现大幅度提高，收益率达 323.41%；回购退出的收益并不理想，多数情况下项目是亏损的；清算项目亏损最为严重，如 2016 年项目亏损达到了 43.62%。但值得一提的是，"新三板"市场表现还不错，成为创投项目成功退出的又一有效渠道，2016 年退出项目收益率达到了 193.82%。总体而言，创业投资行业的投资收益主要由少数上市退出项目收益弥补多数项目的损失。

表 3.4　　不同渠道的创业投资退出项目总体收益率（2009～2016 年）　　单位：%

年份	上市	并购	回购	清算	新三板挂牌交易
2009	327.75	4.74	－29.47	－42.66	—
2010	736.68	44.71	－21.19	－24.43	48.85
2011	799.38	41.47	－30.51	－65.37	63.19
2012	486.1	198.29	29.18	15.34	32.48
2013	448.03	15.27	－34.28	－43.47	89.79
2014	601.66	63.55	－34.43	－34.43	27.23
2015	779.27	135.55	19.01	－15.60	16.86
2016	922.12	323.41	3.02	－43.62	193.82

资料来源：《中国创业风险投资发展报告（2017）》。

3.1.2.3　我国创业投资不同行业退出的绩效表现

整个创业投资行业的退出绩效，大多呈现出"成三败七"的特点，通常需要用少数成功的投资项目来弥补多数的损失。但近年来，随着我国创业投资行业投资管理能力的逐步提升，项目的总体收益率呈现上升趋势。无论是高新技术行业还是传统行业，在经历了 2013 年的较大下滑后，项目退出的盈利水平连续回升，2014～2016 年盈利项目均超过 40%。

比较传统行业与高新技术行业的退出绩效可以看出，大部分情况下高新技术行业尽管面临着更高的投资风险，但投资盈利比例也明显高于传统行业（见表 3.5 和表 3.6）。

表 3.5　　高新技术行业创业投资的退出项目盈亏状况（2009～2016 年）　　单位：%

类别	2009 年	2010 年	2011 年	2012 年	2013 年	2014 年	2015 年	2016 年
盈利	37.17	37.30	52.87	55.62	32.13	47.76	51.06	44.59
亏损	62.83	62.70	47.13	44.38	67.87	52.24	48.94	55.41

资料来源：《中国创业风险投资发展报告（2017）》。

表 3.6　　　传统行业创业投资的退出项目盈亏状况（2009～2016 年）　　　单位：%

类别	2009 年	2010 年	2011 年	2012 年	2013 年	2014 年	2015 年	2016 年
盈利	39.29	36.36	48.48	50.00	35.45	38.56	50.23	40.27
亏损	60.71	63.64	51.52	50.00	64.55	61.44	49.77	59.73

资料来源：《中国创业风险投资发展报告（2017）》。

3.1.3　我国创业投资项目来源

我国创业投资项目来源有：政府部门推荐、朋友推荐、项目中介机构、股东推荐、项目业主、银行介绍、媒体宣传、众创空间（孵化器）及其他。从 2008～2016 年情况来看，我国创业投资的项目来源以"政府部门推荐""朋友推荐""项目中介机构"三大主要渠道为主（见表 3.7）。但三者占比之和分别从 2013 年、2014 年、2015 年的 64.5%、59.7%、51.1% 继续下降到 2016 年的 50.7%。

表 3.7　　　创业投资机构获取项目信息的渠道（2008～2016 年）　　　单位：%

年份	信息渠道								
	政府部门推荐	朋友推荐	项目中介机构	股东推荐	项目业主	银行介绍	媒体宣传	众创空间（孵化器）	其他
2008	25.7	17.7	16.1	13.6	15.5	5.6	2.9	—	2.8
2009	25.9	19.1	16.1	13.4	13.0	6.6	3.0	—	2.9
2010	26.2	17.9	18.5	13.2	11.3	7.2	2.9	—	2.7
2011	25.4	18.7	18.5	13.3	11.7	7.4	2.8	—	2.1
2012	25.2	19.2	18.6	13.2	11.5	6.9	2.2	—	3.2
2013	25.5	19.9	19.1	13.2	10.1	6.0	2.6	—	3.6
2014	24.9	17.7	17.1	14.3	11.0	7.4	3.9	—	3.6
2015	21.3	14.6	15.2	13.9	11.3	7.1	3.5	10.4	2.7
2016	20.2	15.4	15.1	14.1	11.5	6.1	3.5	11.3	2.7

资料来源：《中国创业风险投资发展报告（2017）》。

2015 年统计调查首次将"众创空间"作为信息渠道之一,2016 年该渠道占比进一步提升,较 2015 年上升了 0.9 个百分点。

2016 年,"银行介绍"信息来源较 2014 年和 2015 年相比继续下降,从 2014 年和 2015 年的 7.4% 和 7.1%,下降到 2016 年的 6.1%。

按照"自有渠道"和"中介渠道"划分项目来源,项目来自于自有渠道三项之和要略小于中介渠道获得项目来源。

3.1.4　投资效果不理想的主要原因

2016 年,我国创业投资机构投资效果不理想的主要原因依然集中在"退出渠道不畅""政策环境变化""市场竞争""内部管理水平有限""后续融资不力""技术不成熟"以及"缺乏诚信"方面(见表 3.8)。与 2015 年相比,并没有明显变化。

表 3.8　　创业投资机构投资效果不理想的主要原因(2012～2016 年)　　　单位: %

年份	退出渠道不畅	政策环境变化	市场竞争	内部管理水平有限	后续融资不力	技术不成熟	其他	缺乏诚信
2012	15.6	18.9	17.4	16.6	9.9	12.4	0.9	8.4
2013	26.6	26.7	18.2	8.4	5.7	6.8	4.6	3.1
2014	25.4	23.4	19.4	9.5	8.0	7.1	4.6	2.6
2015	26.2	23.7	17.6	10.3	8.4	6.7	4.7	2.4
2016	25.9	23.2	17.0	10.4	9.1	7.7	4.5	2.2

资料来源:《中国创业风险投资发展报告(2017)》。

"退出渠道不畅"仍然被创业投资机构选为造成投资效果不理想的最主要原因,所占比重从 2014 年的 25.4% 上升至 2015 年的 26.2% 后,2016 年所占比重有下降至 25.9%,仍然比排名第二的"政策变化环境"高出 2.7 个百分点。

"政策环境变化"延续 2015 年的变化态势,在导致投资效果欠佳主要因素中排名第二位,延续自 2014 年以来的占比情况,且比 2014 年和 2015 年分别降低了 0.2 个百分点和 0.5 个百分点。这也在一定程度上表明，随着创新创业整体体制机制的健全，关于创业投资的政策环境也越来越趋于稳定。但仍然需要认清其在影响投资效果中排名仍然靠前，说明政策环境仍然有很大优化空间。

"市场竞争"仍然是影响投资效果的第三个主要原因，但所占比重延续下降趋势，从 2015 年占比 17.6% 下降至 2016 年的 17.0%。"内部管理水平有限""后续融资不力""技术不成熟"所占比重都较 2015 年有所上升，占比分别从 2015 年的 10.3%、8.4% 和 6.7% 增加到 10.4%、9.1% 和 7.7%。这说明由于内部管理、技术等因素导致的创业投资机构投资效果不理想进一步加剧。

3.2　我国创业投资项目的投资阶段分布

企业的发展阶段通常可分为五大阶段：种子期、初创（起步）期、成长（扩张）期、成熟（过渡）期和重建期（Colombelli，Krafft & Vivarelli，2016）。相比于处于其他阶段的企业，由于初创企业的产品或服务尚需要进一步完善，其商业模式还需要进一步清晰，创业团队还需要进一步整合，这个时期企业的发展仍然处于雏形阶段，投资风险很高，从银行等途径获取资金的支持非常困难。处于初创期的企业发展是最需要创业投资支持的。

从 2012～2016 年中国创业投资的投资项目及金额的总体分布可以看出（见表 3.9），获得创业投资资金的成长期企业占比要比明显高于初创企业，虽然成长期和初创期投资项目占比的差距在逐年缩小，但投资金额占比的差距始终保持在较高水平，2014 年成长期与初创期投资金额占比差最大达33.8%，而后的 2015～2016 年成长期与初创期投资金额占比差距进一步缩小，2016 年成长期与初创期投资金额占比差为 8.2%。即 2012～2016 年五年间，中国创业投资金额所处阶段分布一直处于不断的波动之中，2012～2015年初创企业获得的创业投资资金显著少于成长期企业，这一巨大的差距始终保持着，2016 年这一差距有所缩小。

表 3.9 　　　　　中国创业投资项目所处阶段分布（2012～2016 年）　　　　　单位：%

成长阶段	2012 年		2013 年		2014 年		2015 年		2016 年	
	投资项目	投资金额	投资项目	投资金额	投资项目	投资金额	投资项目	投资金额	投资项目	投资金额
种子期	12.3	6.6	18.4	12.2	20.8	5.6	18.2	8.1	19.6	4.3
初创期	28.7	19.3	32.5	22.4	36.6	25.2	35.6	21.5	38.9	30.3
成长期	45.0	52.0	38.2	41.4	35.9	59.0	40.2	54.4	35.0	38.5
成熟期	13.2	21.6	10.0	22.8	6.5	10.1	5.4	15.2	5.7	26.3
重建期	0.8	0.6	1.0	1.2	0.3	0.1	0.7	0.7	0.8	0.6

资料来源：2013～2017 年《中国创业风险投资发展报告》。

　　创业投资资本主要集中在初创期企业以及成长期企业，对于两个阶段的投资项目及金额占比每年都达到了 70%左右，创投机构还是更乐意将资本投资于这两个阶段的企业，但是处于初创期阶段的企业所获得的投资还是要比成长期的企业逊色很多。从投资项目的平均金额来看，成长期项目的金额项目比大于 1，而初创期项目的金额项目比小于 1，不论是总的投资项目占比，还是总的投资金额占比，两者都始终存在着较大差异。除此以外，两者单位项目金额也存在着不小的差异，这说明，创投机构对初创企业的投资规模一般较小。创投机构在进行项目选择时还是比较愿意将资金投放于风险相对较小的成长期企业，对于初创企业的投资意愿要低很多。我国创投机构对于项目的选择以及风险偏好都趋于保守，这可能是由于创投机构自身风险承担的能力较弱，以及初创企业未来发展趋势的不确定性所致。我国创投机构投资初创企业的情况与国外发达国家的投资状况相比，还存在较大差距，不过我国创业投资业起步较晚，仍处于发展阶段，这一现象的发生也在情理之中。

　　据中国创业风险投资发展报告的相关数据显示（见表 3.10），截至 2016年底，中国创投机构累计投资项目为 19296 项，金额达 3765.2 亿元，其中投资于高新技术项目有 8490 项，金额为 1566.8 亿元，分别占累计投资项目数和金额的 44.0%和 41.6%，说明中国创投机构对高新技术初创企业的投资项目数和金额与发达国家相比尚有待于进一步提高。

表 3.10　　截至 2016 年底中国创业投资累计投资情况（2010～2016 年）

年份	累计投资 项目总数（项）	投资高新技术企业/ 项目累计数（项）	累计投资 金额（亿元）	投资高新技术企业/ 项目累计金额（亿元）
2010	8693	5160	1491.3	808.8
2011	9978	5940	2036.6	1038.6
2012	11112	6404	2355.1	1193.1
2013	12149	6779	2634.1	1302.1
2014	14118	7330	2933.6	1401.9
2015	17376	8047	3361.2	1493.1
2016	19296	8490	3765.2	1566.8

资料来源：2011～2017 年《中国创业风险投资发展报告》。

　　表 3.11 显示，2010～2016 年七年间，当年投资项目总数和投资金额虽有波动，但总体依然保持着上升趋势。而投资于高新技术项目的平均投资额在过去几年里除了 2012 年略有上涨以外，其他几年高新技术项目的平均投资额都在不断下降，特别是在 2015 年出现了大幅下滑。无论是创投机构投资高新技术企业（项目）数还是投资高新技术企业（项目）金额，总体都是呈下降趋势。

表 3.11　　截至 2016 年底中国创业投资当年投资情况（2010～2016 年）

年份	当年投资项目总数（项）	投资高新技术企业/项目数（项）	投资高新技术企业/项目占比（%）	当年投资金额（亿元）	投资高新技术企业/项目金额（亿元）	投资高新技术企业/项目金额占比（%）
2010	1901	1010	53	398.31	230.90	58
2011	2399	1250	52	545.28	229.76	42
2012	1903	850	45	356.00	172.63	48
2013	1501	590	39	278.96	108.97	39
2014	2459	689	28	374.36	124.78	33
2015	3423	820	24	465.6	117.2	25
2016	2744	634	23	505.5	92.1	18

资料来源：《中国创业风险投资发展报告（2017）》。

创业投资（venture capital）是指通过向不成熟的创业企业提供股权资本，并为其提供管理和经营服务，期望在企业发展到相对成熟后，通过股权转让收取高额中长期收益的投资行为。由于高新技术企业与传统企业相比，更具备高成长性，所以创业投资往往把高新技术企业作为主要投资对象。在美国，70% 以上的创业资本投资于高新技术领域，从而对高新技术产业化起到了极大的推动作用。通过表 3.10、表 3.11 数据的分析，发现我国创业投资近几年对高新技术企业（项目）相关的投资表现不太理想，而这其中包含了所有发展阶段的企业，如果提取出投资处于初创期高新技术企业的投资数据形势可能更为严峻。我国创业投资对高新技术企业的支持，尤其是初创期高新技术企业（项目）还远远不够，如何推动创投机构投资初创企业需要在理论上展开进一步深入的研究。

3.3　浙江省创业投资项目的投资阶段分布

浙江省是中小企业大省，其经济的最大特点是以民营经济为主体，以传统产业为基础和特色。企业总体层次不高，高新技术产业增加值占 GDP 比重比广东等沿海发达省份低，转型升级的压力巨大，转型升级需求强烈。浙江省要保持 GDP 持续增长，除了要帮助传统产业的转型升级，更需要培育和发展战略性新兴产业，培育大批中小微科技创新型企业，促进浙江省产业结构的调整。目前浙江省的多数科技型中小微企业由于资产规模小、无抵押物和担保以及知识产权产业化风险大等原因，很难获得银行的贷款，造成了融资难的困境。而创业投资是有效缓解中小微企业融资难的最好方式，它在支持创业企业或新兴产业和地区经济发展中起着至关重要的作用。

浙江省的创投业始于 1993 年，至今已有二十多个年头。据不完全统计，截至 2015 年底浙江省专业从事创投的企业总数已达 500 多家，管理资金约 500 亿元人民币，并涌现了一批规模较大、国内知名的创投机构，对浙江省经济发展和转型升级起到了较大的推动作用。但我们也清醒地意识到，虽然浙江省作为我国科技发展速度迅速、经济发达且创业氛围浓厚的省份，其实际创业投资情况相比全国创业投资情况也未能有出众表现。对比 2013～2017

年全国创业投资和浙江省的投资项目阶段的项目数占比以及投资金额占比
（见表 3. 12），发现两者数据并未表现太大的差距，2013 年全国创业投资投
资初创企业的项目占比为 32.5%，浙江省则为 34.35%；投资于初创期项目
的投资金额占比全国为 22.4%，而浙江省则是 22.17%。2015 年全国创业投
资投资初创期项目占比为 35.6%，浙江省为 39.2%；而全国创业投资投资初
创期项目金额占比为 21.5%，浙江省为 14.65%。这说明浙江省的创业投资
对于初创企业的支持力度在全国基本处于平均水平，这也说明了浙江省的创
业投资在发挥其支持初创企业，实现技术、资本、人才、管理等创新要素与
初创企业有效结合，促进科技创新成果转化方面尚需进一步加强。与国外发
达国家相比，浙江省创投业目前仍然处于一个初级发展阶段，90% 以上创投
机构属"民营"性质，投资公司多数规模偏小，资本实力欠雄厚，可投资资
金有限，要让风险资本能更多地投入初创科技型企业，政府仍然需要在现有
的税收和引导基金政策的基础上进一步政策创新。

表 3.12　　浙江省创业投资项目投资阶段及投资额分布（2013~2017 年）

成长阶段		种子期	初创期	成长期	成熟期	重建期
2013 年	项目数	21	45	56	9	0
	项目数占比（%）	16. 03	34. 35	42. 75	6. 87	0
	投资金额（万元）	26762	40754. 89	84607. 09	31697	0
	投资金额占比（%）	14. 56	22. 17	46. 03	17. 24	0
2014 年	项目数	56	108	67	18	0
	项目数占比（%）	22. 49	43. 37	26. 91	7. 23	0
	投资金额（万元）	26840. 8	127743	89366. 24	54069. 76	0
	投资金额占比（%）	9	42. 86	29. 99	18. 15	0
2015 年	项目数	111	176	132	30	0
	项目数占比（%）	24. 72	39. 2	29. 4	6. 68	0
	投资金额（万元）	44455. 7	91645. 82	248803. 99	240679. 82	0
	投资金额占比（%）	7. 11	14. 65	39. 77	38. 47	0

续表

成长阶段		种子期	初创期	成长期	成熟期	重建期
2016 年	项目数	93	221	121	32	11
	项目数占比（%）	19.46	46.24	25.31	6.69	2.3
	投资金额（万元）	31166.5	228189.8	230897.6	122090.7	20633
	投资金额占比（%）	4.92	36.05	36.48	19.29	3.26
2017 年	项目数	100	234	175	45	4
	项目数占比（%）	17.92	41.94	31.36	8.06	0.72
	投资金额（万元）	67151	221238.91	273835.07	104765.58	4760
	投资金额占比（%）	10.00	32.93	40.76	15.60	0.71

资料来源：2014~2018 年《浙江省创业风险投资发展报告》。

3.4　我国创投机构投资初创企业（项目）的行业分布

近年来，我国创业投资蓬勃发展，据 2014~2017 年《中国创业风险投资发展报告》发布的数据显示，我国各行各业各阶段都有创业投资项目。本书选取了 2013~2016 年我国创业投资机构投资初创企业（项目）的数据，参见表 3.13（表格中数据表示当年该行业初创期的创业投资项目占该行业所有阶段投资项目总数的百分比，投资金额统计方式同理），从行业层面来了解过去几年创投机构在不同行业中投资初创期项目的投资金额及数目，分析创投机构对不同行业初创企业（项目）的投资状况。

表 3.13　　　　中国创投机构投资各行业初创企业（项目）的
投资项目及金额分布（2013~2016 年）　　　单位：%

投资行业	2013 年		2014 年		2015 年		2016 年	
	投资金额	投资项目	投资金额	投资项目	投资金额	投资项目	投资金额	投资项目
环保工程	24.05	27.27	17.86	25.71	15.40	20.25	17.50	23.88
消费产品和服务	18.04	27.66	26.85	40.68	19.01	29.41	20.37	39.68

续表

投资行业	2013 年		2014 年		2015 年		2016 年	
	投资金额	投资项目	投资金额	投资项目	投资金额	投资项目	投资金额	投资项目
通信设备	29.77	33.33	34.78	41.36	16.33	45.27	19.42	36.59
光电子与光机电一体化	18.94	23.08	16.95	28.13	13.94	32.69	39.90	28.89
生物科技	40.65	50.00	18.61	42.11	28.16	34.83	58.37	51.09
传统制造业	12.36	31.71	13.21	23.89	10.71	23.48	26.81	19.48
软件产业	34.62	44.44	32.09	47.22	32.80	49.47	6.79	23.13
采掘业	24.09	28.57	—	0.00	—	0.00	—	0.00
其他行业	30.65	31.37	43.65	37.50	25.87	38.78	63.38	46.74
IT 服务业	17.68	34.55	37.96	37.40	31.77	41.04	50.35	52.55
科技服务	28.01	33.33	24.83	28.33	16.21	32.43	34.83	46.81
交通运输仓储和邮政业	—	0.00	—	0.00	20.66	21.71	77.93	21.05
医药保健	17.99	31.06	11.83	27.73	17.26	36.63	32.03	35.40
计算机硬件产业	12.74	50.00	4.92	23.08	53.29	29.55	27.71	42.50
新材料工业	15.08	25.29	25.67	33.33	16.78	23.57	33.34	40.35
网络产业	31.72	50.00	57.82	51.71	33.70	42.75	24.46	46.19
核应用技术	24.79	25.00	100.00	100.00	100.00	100.00	—	0.00
水电煤气	25.97	33.33	—	0.00	0.91	12.50	—	0.00
房地产业	24.24	50.00	—	0.00	3.33	11.11	1.72	40.00
社会服务	40.46	41.67	17.85	36.84	30.66	44.87	27.34	51.22
传播与文化娱乐	8.27	16.18	10.96	26.14	7.86	33.02	32.27	40.00
其他制造业	38.09	35.94	26.87	29.79	8.27	21.64	14.80	22.99
半导体	56.17	47.06	24.13	31.71	49.77	50.00	47.95	57.14
其他 IT 产业	59.33	64.29	42.84	52.94	44.13	51.85	13.03	40.91
农林牧副渔	13.97	31.25	38.37	27.42	26.50	35.56	20.10	34.21
金融保险业	39.52	38.67	38.37	53.66	28.77	38.21	27.38	48.21
建筑业	—	0.00	4.05	7.69	2.60	6.67	1.82	27.27
新能源高效节能技术	20.17	24.18	18.92	29.47	25.31	37.14	25.04	30.00

资料来源：2014~2017 年《中国创业风险投资发展报告》。

比较处于初创期各行业企业（项目），发现生物科技、IT 服务业、半导体、其他 IT 产业无论是投资金额还是投资项目占比相对都比较高，基本达到了 30% 以上，尤其生物科技、IT 服务业和半导体产业 2016 年初创企业（项目）投资金额和投资项目占比基本都在 50% 左右，说明创投机构较为青睐这些行业的初创企业（项目）。这可能与其行业性质有关，此类企业的崛起以及发展的速度要比其他传统行业或者高新技术企业快得多，也因此缩短了创投机构的投资回收期。处于初创期阶段的其他 IT 产业（项目）也表现出众，2013 ~ 2015 年占比一枝独秀，基本每年都在 50% 以上，但 2016 年投资金额和投资项目有所回落。其他受到创投机构青睐的行业还有网络产业、软件产业以及核应用技术，金融保险业也受到了创投机构较多的关注。

此外，创投机构对采掘业、交通运输仓储与邮政业的初创期投资项目波动较大，2015 年，处于初创期的交通运输仓储与邮政业项目才得到创业投资的关注，2016 年投资金额占比有一个大幅提升。而采掘业则恰恰相反，在 2014 ~ 2016 年都未获得创投机构的投资。处于初创期的核应用技术项目在 2014 年和 2015 年备受创投机构的青睐，达到了 100%。传统制造业、农林牧副渔、新能源高效节能技术等表现则颇为平稳，其他行业则有起有伏。不论是大幅度的涨跌还是保持平稳，各行业初创期的项目从总体上得到的创投机构的投资都是比较少的。

3.5　我国创投机构投资初创企业的问题及成因

3.5.1　我国创投机构投资初创企业的主要问题

通过对我国创业投资项目的阶段分布、行业分布以及浙江省创业投资项目的阶段分布情况进行分析，总结归纳了我国创投机构投资初创企业的问题主要有以下几方面：

（1）从近几年我国创业投资项目所处阶段分布来看，创业投资的投资阶段更倾向于成长期企业，无论是投资项目数占比还是投资金额占比成长期企业要明显高于初创企业，我国创业投资对于初创企业的支持力度有限。

（2）从近几年我国创业投资累计投资情况来看，投资高新技术项目的投资项目数和投资金额均未超过全部投资的 50%，与发达国家（美国超过 70%）相比尚有一定差距。

（3）从近年来我国创业投资各年度投资情况来看，无论是投资高新技术企业（项目）数的占比还是投资高新技术企业（项目）金额占比均呈下降趋势。高新技术企业未能成为创业投资的主战场，我国创业投资对高新技术企业尤其是初创高新技术企业的投资形势不容乐观。

3.5.2 我国创投机构投资初创企业问题的成因分析

创业投资的核心特征是"高风险、高收益"，这些风险分布在与创业投资相关的各个方面，都会对创投机构投资初创企业产生影响。我国创投机构投资初创企业问题的成因经初步分析可能有以下几点：

（1）创业投资退出渠道不畅，项目总体退出收益并不理想。据中国科学技术发展战略研究院的调研数据表明，我国创业投资的退出方式主要有：上市（IPO）、并购、回购、清算以及其他（含新三板）等。从 2009~2016 年以不同方式退出的创业投资项目总体收益率情况来看，通过 IPO 退出的收益率是最高的；然而，从中国创业投资退出方式分布的统计数据（见表 3.3）来看，IPO 在所有退出方式中占比排名在回购和并购之后，仅排在第三位；回购才是在所有退出方式中占比最高，是主要的退出方式，但回购退出的收益并不理想，多数情况下项目是亏损的（见表 3.4）。"退出渠道不畅"，特别是 IPO 退出不畅，仍然被创业投资机构选为造成投资效果不理想的最主要原因。

总体而言，创业投资行业的投资收益主要由少数上市退出项目收益弥补多数项目的损失。高新技术行业创业投资的退出项目总体上亏损大于盈利（见表 3.5）。退出是创业投资中一个必不可少的重要环节，退出渠道不畅就不能顺利完成资本循环，实现资本增值，这就加剧了投资风险。初创企业由于投资周期长，不确定性大，退出渠道不畅，加剧了投资风险，一定程度上影响了创业风险资本对初创企业的投资。

（2）政策环境变化较为频繁。创业投资的蓬勃发展离不开良好的政策环境。近年来，我国各级政府高度重视创业创新，出台了一系列政策措施推动创业投资行业成长。然而，我国创业投资行业健康持续发展尚需更加规范的制度保障和政策环境建设。2016 年，1228 位创投机构负责人填写了调查问卷，认为中国创业投资机构投资效果不理想的主要原因集中在"退出渠道不畅"（25.9%）、"政策环境变化"（23.5%）、"市场竞争"（17.0%）、"内部管理水平有限"（10.4%）、"后续融资不力"（9.1%）、"技术不成熟"（7.7%）以及"缺乏诚信"（2.8%）等方面。"政策环境变化"排在第二位。可见，加强资本市场建设，建设完善、稳定、持续的政策环境，仍然任重道远。

（3）内部管理水平有待加强。根据中国科学技术发展战略研究院调查问卷显示，"内部管理水平有限"成为制约投资效果的重要影响因素之一，占比达到 10.4%。在创投管理者最应该具备的素质调查中，"资本运作能力""判断力和洞察力"排在前两位，而在创投管理者最缺乏的素质调查中，"技术评估""资本运作""项目识别"依然是从事创业投资人员最缺乏的三个方面。可见，随着创投市场的扩张，内部管理水平和人才队伍建设还有待进一步加强。特别是，部分地方政府引导基金由政府事业单位人员运作，缺少专业投资人员，因此对基金进行专业化的运作管理较为困难，同时也难以对投资项目进行辅导。

（4）税收优惠政策有待完善。2016 年，1214 位创投机构业内人士回答了最希望政府出台的激励政策。调查表明，中国创投机构最希望出台的政府激励政策仍然是税收优惠政策，占比为 43%，且与往年相比，对税收政策的诉求仍在持续提升。良好的税收优惠政策对创投机构投资初创企业将发挥积极影响。

（5）资金严重短缺，投资主体单一，抗风险能力低。目前我国创业投资机构的主要融资途径一般而言有以下几种：第一，企业内部融资：包括直接投资回收后的资金，LP 投资收益的分成，股东对公司的借款；第二，企业外部融资：包括 LP 模式融资，政府引导基金的阶段参股、跟进投资，以及创投机构为所投资企业担保的贷款（创投机构可以用后期投资置换，实际上是间接融资）。可见，我国目前创业投资机构的融资渠道比较单一，创业投资机构管理的资金非常有限。创业投资机构在整个创业投资领域势单力薄，筹集资金的渠道少，往往容易导致运作过程中资金链断裂，抗风险能力偏低，对于初创高风险项目很难把握。

（6）创业投资法律环境有待健全。根据中国科学技术发展战略研究院2017年的调查统计，6%的创投机构希望政府能够完善和落实创业投资的相关法律，营造规范的制度环境。我国的法律环境还不够完善，一方面，对知识产权的保护不力增加了高科技在商业化过程中的市场运作风险，让创投机构在甄选投资项目的时候，心生忧虑；另一方面，现行的法律法规很难适应创业投资发展的要求，例如，打官司难度大（受理要求标准高）、效率低、执行难度大等都会带来投资风险，这些皆不利于创业投资的健康发展。

（7）缺乏高效的信息交流平台。目前，我国仍然缺乏高效的信息交流平台，初创企业由于无法迅速了解和跟踪国内外高技术发展状况和最新动态，造成企业应变能力低，增加了技术风险。由于信息不对称，创投机构找到具有投资价值的初创企业难度增加，无形中为创投机构和初创期企业的交流活动增加了许多的显性和隐形的成本。

3.6　本章小结

创业投资（venture capital）是指通过向不成熟的创业企业提供股权资本，并为其提供管理和经营服务，期望在企业发展到相对成熟后，通过股权转让收取高额中长期收益的投资行为。我国的创业投资事业从19世纪80年代起步，已经走过了三十多年的发展历程。在这短短的三十多年中，我国的创业投资从无到有，被投资企业从少到多，投资机构从国有或政府主导企业到民营及其他类型企业为主体，我国的创业投资发展速度令人叹为观止，但我国创业投资发展过程中仍存在一些问题。本章旨在对我国创投机构投资初创企业的投资现状、特征及存在问题进行研究。

首先，通过对我国创业投资的发展状况进行深入调研，了解我国创投行业发展的新特征、创业投资的退出方式及其绩效表现、创业投资项目来源、投资效果不理想的主要原因等。

其次，对我国创业投资项目的投资阶段分布、浙江省创业投资项目的投资阶段分布、我国创业投资投资初创企业（项目）的行业分布情况进行调研，掌握创投机构投资初创企业的基本情况与存在问题，并对我国创投机构投资初创企业的问题及成因进行了阐述和分析，以便为后续理论研究做好铺垫。

总体上来看，由于我国创业投资行业起步较晚，与国外发达国家相比，其发展水平及质量都还存在一定的差距。创业投资的投资阶段更倾向于成长期企业，投资的初创企业（项目）中处于高新技术行业的项目占比还不够高。2012～2016 年，我国创业投资机构对初创期企业的投资金额占比最高的2016 年为 30.3%，一般保持在 20% 左右。而从创业投资本身的定义来讲，其主要投资对象应该是不成熟的创业企业，创业投资行业投资数据显示出，许多高新技术行业初创企业（项目）未能得到创投机构的青睐，也因此许多具有科技创新、发展潜能的初创企业（项目）由于资金的缺乏不能得到进一步发展。不论是全国还是浙江省，都暴露出了同样的创投机构对初创企业投资不足的问题。因此，促进创投机构加大对初创企业投资是我国创业投资业急需解决的问题。

| 第 4 章 |

创投机构对初创企业投资
动力机制的理论研究

4.1　创投机构投资初创企业内生动力机制研究

一项高新技术从实验室技术发展为大批量生产并推广至市场，往往需要二三十年甚至更长时间（陈洁，2012），期间也存在着巨大的风险。创业投资的介入，使得这一进程大大缩短，而其随同资金所带来的各项资源和服务，也在很大程度上降低了科技成果产业化进程中的各项风险。发达国家的实践表明，很多科技项目的成功都得益于创业投资。

随着新兴产业的爆发式成长，2014 年开始，我国越来越多的创投机构开始将目光转向这些有发展潜力的初创企业。尤其是 2014 年 9 月阿里巴巴在美国纽交所的上市，成为迄今为止美国市场历史上最大规模 IPO，在创造互联网神话的同时也为相关投资机构带来了丰厚的收益。马云的成功更是让互联网热潮在中国骤然升温，不但为中国的创业者带来了希望，更激发了中国创投机构投资初创企业的热情。这种现象的背后存在各种原因：第一，资本市场的变化，为抑制二级市场的持续低迷，IPO 于 2012 年被叫停，导致很多创投机构先前所投项目资金无法退出。虽然 2014 年股市再度开闸，但上市周期过长，资本退出缓慢。只有将投资阶段前移才能通过并购获得收益，完成资本退出。第二，经济结构的转型，新兴行业的爆发式成长，企业生命周期缩短，投资阶段越靠后，投资者面对的估值压力和竞争难度都将加大。第三，从行业发展的选择来说，创业投资和创业的生态圈逐步形成，二者间的匹配形成了相互间对初创企业的需求。从创业投资者的角度，投资初创企业为兴起的创投机构提供了寻求差异化竞争优势的机会，同时，投资初创企业资金需求量小，许多拥有富余资本的个人投资者开始将目光转向初创企业，天使投资群体正在我国慢慢发展起来；从创业者的角度，新兴产业的创业机会开始涌现，腾讯、网易、阿里巴巴等的成功上市为创业者带来了好的示范效应，我国的创业氛围高涨，年轻的创业者层出不穷，对早期资金的需求加大。第四，在国家的层面上，李克强总理等领导人对小微企业的健康发展非常重视，国家层面也积极采取引导基金、拓宽市场准入标准等方式鼓励创投资金更多投向创新企业起步成长的"前端"。

综上所述，虽然 2012～2015 年初创企业获得的创业投资资金显著少于成长期企业，但这一差距在逐渐缩小，2016 年我国创业投资成长期与初创期投资金额占比差缩小至 8.2%。虽然，与发达国家相比还有不小的差距，但是，应该说投资初创科技型企业是大势所趋，投资双方的良性合作所带来的是创业者、创投机构，乃至整个社会经济的共同发展。

那么，面对众多的初创企业，创投机构该如何选择？创投机构投资科技型初创企业的内生动力系统基本要素究竟有哪些？这些因素间是如何相互作用的？如何使投资更有价值、更加准确、更具效率？这些是创业投资机构首先需要考量的问题也是本书想要探析的重点。这就需要从理论和实践两个方面深入探析影响创投机构投资科技型初创企业的内生动力因素及其作用机制，找出投资过程中投资行为异化和投资效率低下的症结所在，从而给投资双方的决策判断和获取投资提供全面系统的参考；同时，也为政策的制定提供理论参考。

4.1.1　创投机构投资初创企业内生动力系统理论模型的构建

4.1.1.1　创投机构特征因素与初创企业特征因素识别

（1）创投机构特征。通过对天堂硅谷、华睿投资集团有限公司、浙江省创业投资集团有限公司、浙江省科技创业投资有限公司、安丰创业投资有限公司等十家浙江省规模较大、资历较深的创业投资机构的负责人进行深度访谈，笔者了解到，创投机构本身的客观实力和管理团队等特征会影响其对初创企业的选择。这是因为，不同的创投机构，有不同的风险偏好、行业偏好和地域偏好以及根据投资经验所产生的某些特定的投资准则等，其能够为初创企业付出的资源和精力也有所差异，这也就导致了不同的投资决策和绩效。同时，根据文献研究，该访谈结果得到了国内外相关研究的证实，如表4.1所示。

表 4.1   创投机构特征因素识别

作者	研究结论
麦克米兰等（Macmillan et al.，1989）	以管理资金、典型投资周期、经营年限、高层管理者数量和中层管理者数量五项指标来描述创投机构特征
扎鲁茨基（Zarutskie，2008）	从教育背景和工作经验两个维度来描述创投机构的高层管理团队特征，并证实了其对绩效预期的重要作用
拜格雷夫和蒂蒙斯（Bygrave & Timmons，1992）；钱苹等（2007）	创业投资机构的从业时间是衡量其经验丰富程度的重要因素，从业时间越久的创投机构相关行业经验越丰富，项目筛选和培育的能力越强，也越容易获得好的项目
苟燕楠等（2013）	实证检验了创投机构管理团队的专业背景、投资理念和从业时间对投资绩效和投资决策的影响，认为经验丰富的创投机构更愿意投资初创企业
盛希诺（2004）	实证检验了创投机构的管理经验、规模和资本来源对投资意向的影响，认为管理经验丰富、规模小以及以政府资金为主的创投机构更倾向于投资初创企业
孙杨等（2012）	以经验、背景、持股比例三项指标来描述创投机构特征，并实证检验了其对投资绩效的影响

第一，创投机构的客观实力。创投机构的高声誉是其客观实力的最好体现，美国学者克里希南（Krishnan，2007）基于"声誉越高的创投机构其投资收益越高"的假设，运用创投机构成立年限、资本总量、IPO比例等指标来衡量创投机构的声誉，取得了良好的分析与实践效果。根据舒（Hsu，2004）的调查结果，初创企业更希望得到在行业中具有高声誉的创投机构的支持，并愿意为此接受较低的商业估值。这是因为，高声誉的创投机构为了

维护其来之不易的声誉，主动参与初创企业的"全过程培育"，尽心尽力做好"孵化"工作（陈敏灵和薛静，2013）。同时，创投机构的客观实力也会对投资绩效产生很大影响。原因可以归结为以下两点：一是创投机构的现有资金越充足，其对初创企业后续的融资能力就越强（Schoar & Kaplan，2005）；二是经验丰富创业投资机构能够在为初创企业提供更好的监管和增值服务，从而提高企业的融资能力、销售能力和生产经营能力等（Macmillan，Kulow & Khoylian，1989）。可见，创业投资机构的实力高低同其介入的初创企业的经营业绩和投资回报率呈正相关。

第二，创投机构的管理团队。汉布里克和梅森（Hambrick & Mason，1984）提出的高层梯度理论（upper echelon theory）指出不同的高层管理团队会通过不同的决策行为影响企业的经营绩效。在此基础上，季莫夫（Dimov，2005）、扎鲁茨基（Zarutskie，2010）等学者展开了创投机构高层管理团队与投资决策和绩效间的关系研究。根据研究可知，高层管理团队的人力资本特征包括年龄、教育水平、专业背景、从业经验等维度，这些因素被认为是高层管理者价值观的体现，从而影响着创投机构的运作、战略选择和投资绩效等各个方面，并影响投资决策和投资管理等各项活动。随后，我国学者也对此展开了相关研究。李严、罗国锋和马世美（2012）探索了创投机构管理团队的教育背景和从业经验同其对投资风险的认知间的关系，及其对投资策略的影响。研究结果表明，管理团队中具有创业经验、海外经验等的成员比重越高，其对风险的偏好越高，从而投资初创企业的比例也就越高；而投资团队中工科背景成员的增加，会使得投资机构投资行业的集中度增加。杜纯（2014）对创投机构人力资本对企业创新能力的影响进行了研究，并进一步检验创投机构人力资本在创新能力向经营绩效转化过程中的作用。其研究结果表明，创投机构管理团队的受教育程度和专业背景会对被投企业的创新能力产生正向影响，从而增加被投企业的盈利能力和成长能力。

（2）初创企业特征。根据前文第 2.2 节的描述，已有大量国内外学者对初创企业特征因素进行归类整理，并研究各因素与创投机构投资意向的影响关系，如表 4.2 所示。

表 4.2 初创企业特征因素识别

作者	研究结论
韦尔斯（Wells，1974）；波因德克斯特（Poindexter，1976）	采用抽样分析的方法调查了创投机构的投资标准，均认为初创企业的企业家管理能力和经验、产品、市场是影响创投机构投资决策最重要的三大因素
蒂吉和布鲁诺（Tybjee & Bruno，1984）	首次建立了两层次的项目评价指标体系，从市场、产品、管理能力三个角度对项目进行评价
麦克米兰等（Macmillan et al.，1985）	从企业家个体特征、企业家经验、产品、市场、财务、管理团队六个维度建立了创业投资项目评价指标体系，首次强调了企业家因素对投资意向的重要影响
瑞等（Rah et al.，1994）	从管理能力、产品、市场、财务、生产能力、原材料可获取六个维度对投资项目进行评价
卡普兰和斯特龙伯格（Kaplan & Stromberg，2000）	从市场、产品、战略、竞争力、创业家、管理团队、财务七个维度对投资项目进行评价
赵振武（2005）	从技术创新能力、管理团队、市场、产品、财务和风险六个维度探究初创企业特征对投资意向的影响
张格亮（2012）	建立了以管理团队、产品、市场、财务为一级指标的投资项目评价体系

由表 4.2 可知，学者们虽对创业投资项目评价体系进行了大量的改进和实证检验，但对初创企业的评价依然以管理团队、产品、市场、财务四个方面为主（Kaplan & Stromberg，2000；张格亮，2012；Carter & Auken，1989）。根据访谈结果，初创企业的盈利模式在早期并不清晰，因此创投机构在决策过程中，并不注重对其财务指标的考察。综上所述，本书将从企业家个体特征、企业家经验、企业家管理能力、初创企业管理团队、产品/技术、市场六个维度描述初创企业特征。

第一，创业企业家。卡特和奥肯（Carter & Auken，1989）的研究证实了创业企业家素质和经验是创业投资最重要的评价指标，其中正直诚实、动机与责任感、行业经验是创业投资家对投资项目最为看重的三个指标。姚丰桥（2011）采用博弈的方法分析了影响创业投资决策的因素，研究结果表明，良好的信任关系是投资双方合作的前提，企业的信誉和创业企业家的品质是创业投资家甄别企业时考虑的第一核心要素。祖特施和谭（Zutshi & Tan，1999）调查研究了新加坡 31 家创投机构的投资决策指标，研究表明，企业家对市场的熟悉程度、承受高强度工作的能力、对风险的把控、领导能力和相关行业经验是创投机构投资过程中最为看重的五个指标，可见创投机构对企业家因素的重视。

第二，初创企业管理团队。迈克尔·戈尔曼（Michael Gorman，1989）分析了创投机构投资初创企业成败的影响因素，认为初创企业家及其管理团队的素质是决定创业投资成败的关键，初创企业管理人员能力过低会导致技术创新的失败。斯图亚特（Stutart，2008）等人分析了创业投资过程中的行为与投资结果的关系，认为初创企业管理团队的氛围及其相互关系在初创企业的经营过程中起着重要的作用，团队平衡和团队冲突都会对投资结果产生重要影响。张格亮（2012）研究了创投机构对项目的评价准则，指出对初创企业来说，管理团队的合作是否默契，分工是否合理是创业投资家第二关注的因素，此外对管理团队的教育背景和行业经验也是其对初创企业管理团队的重要考察指标。

第三，产品/技术。技术风险是初创企业投资中一个重要的风险来源，也是创投机构最为关注的中心点之一。这是由于高新技术产品开发的复杂性和技术前景的不确定性，很难预测研究成果转化的成功率以及技术能够被市场接受程度。巴赫和吉尔德（Bachher & Guild，1996）将加拿大的创业投资企业分为天使投资人、私人创业投资家与公共创业投资基金三类，并分别研究各类型投资企业的项目评价指标体系。其研究结果表明，产品/技术特性是各类创业投资企业最为注重的投资要素之一。祖特施（Zutshi，1999）对新加坡 31 位创业投资家进行调查，结果显示，产品所表明的市场接受性、产品的知识产权保护程度和产品的开发阶段是创业投资家较为关注三个产品特性。邹辉文等在综合国内外研究的基础上，建立了一个包含 6 个一级指标，29 个二级指标的创业投资项目终选评价指标体系。邹辉文等（2002）认为，产品的技术水平，包括产品的唯一性、先进性、知识产权保护程度、生产能力、竞争优势等是项目终选阶段的重要指标。

第四，市场。对初创企业市场的评价和预测是创业投资项目决策分析的重要组成部分，市场吸引力的高低会影响投资的预期收益，进而影响投资者的投资意向（Tyebjee & Bruno，1984）。狄克逊（Dixon，1991）认为，市场容量是除了企业家管理能力外影响创业投资成败的第二大关键因素。霍尔和霍弗（Hall & Hofer，1993）指出，创业投资者在决定是否对初创企业进行投资时，以下几个要素非常重要：市场潜力、目标市场的增长速度、进入壁垒、市场成长速度、市场规模以及潜在客户。此外，我国学者也对市场特征对创业投资的影响进行了大量研究。李春明（2006）认为，产品的市场特征应该包括市场进入壁垒、市场需求、市场容量、市场规模等，其中市场进入壁垒和市场需求是影响预期投资收益的最重要的两个市场特征。崔毅等（2008）将产品的市场特征划分为替代产品、市场进入壁垒、供应商和客户四个维度，认为这四个因素均对创投机构的项目选择起到重要作用。

4.1.1.2　投资初创企业内生动力系统基本要素及作用机制理论模型的构建

由第2章理论基础与文献综述可知，即使初创企业有着独特的技术优势，但只有在其所具备的功能特征能够支持创投机构完成投资任务时，创投机构才会认为该初创企业是有投资价值的，并考虑对其进行投资。除此之外，创投机构是否有足够的培育初创企业成长的能力等这些体现投资"可行性"的因素也是创投机构在投资过程中需要考虑的问题（万树平和李登峰，2014）。而现有研究往往偏重于将初创企业的产品特征、市场潜力、企业家能力等方面与创投机构的投资偏好、治理机制等独立开来，研究其对投资意向和投资绩效的影响，忽视了初创企业与创投机构在投资过程中的相互作用。

鉴于此，本书提出从创投机与初创企业的"匹配性"和创投机构投资初创企业的"可行性"两个维度来研究创投机构投资初创企业的内生动力因素构成，投资初创企业的"匹配性"和"可行性"对投资决策的影响，进而揭示创投机构投资初创企业的内生动力机制。

综上所述，本书参考任务技术匹配模型与匹配可行性模型分别提出投资匹配性模型和投资可行性模型，如图4.1和图4.2所示。

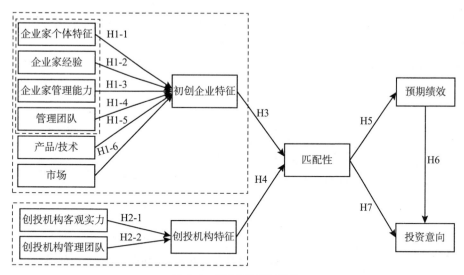

图 4.1　投资匹配性模型

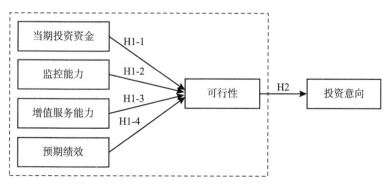

图 4.2　投资可行性模型

最后，在詹（Tjan，2001）的研究基础上，结合实地访谈，本书提出了一个基于"匹配性"和"可行性"二维矩阵的内在动力评估模型来评估创投机构对初创企业的投资动力，如图 4.3 所示。通过将矩阵分为四个象限，能够为创投机构投资每一家初创企业的战略决策提供一个粗略的引导：是确定投资、寻找替代项目、放弃投资还是暂时跟踪项目，以便条件成熟时投资。当一个项目的投资可行性和匹配性都很高时，创投机构对该项目有高的投资意向，即投资的动力；当一个项目的投资可行性很高而匹配性很低的话，显然应该考虑寻找其他替代项目进行投资；但如果一个项目投资的匹配性很高而可行性很低时，也许你只需要将该初创企业推荐给其他更合适的创投机构，或采取跟踪项目，以便条件成熟时进行投资；而当一个项目投资的可行性和匹配性都很低时，显然应该考虑放弃投资该项目。

图4.3 基于"匹配性"和"可行性"二维矩阵的内在动力评估模型

4.1.1.3 研究假设的提出

（1）投资匹配性模型的研究假设。

古德休（Goodhue，1995）基于感知效用和感知成本的视角对信息技术接受和使用绩效进行研究，其实证研究表明，技术特征和任务特征均会对任务技术匹配度产生直接影响，且任务和技术间的相互作用也会影响任务技术匹配度，技术只有被使用且和任务特征有好的匹配时，才会产生好的绩效。在此基础上，后续研究者将任务技术匹配理论广泛应用于企业内部信息系统、互联网、电子商务等多个领域（Dishaw & Strong，1998；Lu & Yang，2014；Kankanhalli，Tan & Wei，2005），验证了不同背景下该理论的解释力和预测力，研究结果均表明，技术特征和任务特征都会对任务技术匹配度产生积极影响。本书首次将其应用于创业投资领域，以匹配度来描述创投机构的特征和初创企业特征间的适配程度。其中，创投机构的特征以客观实力和管理团队的人力资本两个维度来衡量；初创企业的特征以企业家个体特征、企业家经验、企业家管理能力、初创企业管理团队、产品/技术、市场六个维度来衡量。

综上所述，本书提出以下假设：

H3：初创企业的特征对初创企业与创投机构的匹配度有积极影响。

H4：创投机构的特征对初创企业与创投机构匹配度有积极影响。

初创企业与创投机构的高匹配度意味着创投机构投资该初创企业能够满足其投资任务需求，从而对该初创企业产生比较强的投资意向。斯台普斯（Staples，2004）等人认为，匹配能够使技术产生与任务需求相符合的结果，而这种结果是有用性的一种体现，该论点得到了大量实证研究的支持（Dishaw & Strong，1998；Klopping & McKinney，2004；Yen，Wu & Cheng et al.，2010）。

在创投机构方面，创投机构的投资经验、资本规模和人力资本等特征都会投资绩效产生显著影响。大量实证研究表明，创投机构的投资经验越丰富、资本规模越大，其投资回报率就越高（Gompers & Kovner，2010；于绯，2010）。而人力资本作为区别于创投机构与其他金融中介的主要根源，对投资绩效的影响更是不可小觑。创业投资家及其管理团队的丰富的管理经验和教育背景，一方面，能够帮助创投机构更好地对初创企业实施监管，控制投资风险（Sapienza & Gupta，1994）；另一方面，其所积累的社会资源能够在融资和经营管理方面为初创企业带来一系列的支持与服务，从而提高投资绩效。在初创企业方面，蒂吉和布鲁诺（Tybjee & Bruno，1984）认为，投资项目的风险性主要来源于初创企业家的管理能力和环境因素，而投资项目的收益性则主要受市场和产品因素的影响；拜格雷夫（Bygrave，1988）认为，评价一个初创企业的发展潜力，应该从企业家管理素质、市场、技术和财务四个方面入手。

根据文卡塔什（Venkatesh，2003）研究，绩效预期是指个体相信采用某一系统能够帮助其完成工作绩效的程度，它与感知有用性属于同一概念的不同表达方式。本书中的绩效预期是指创投机构根据所投企业的行业及其他特征以及预期完成的利润进行综合评估所得到的投资价值。当创投机构的特征与初创企业的特征有很好的匹配时，投资双方才能彼此满意，才能提高创业投资活动的成功率，降低风险，实现双赢；此时，创投机构感知到对该初创企业投资的绩效预期是高的（陈希和樊治平，2010）。

综上所述，本书提出以下假设：

H5：初创企业与创投机构匹配度对投资的绩效预期有积极影响。

大量实证研究表明，用户的感知有用性对其使用意向有着显著影响，用户采用某一技术/系统的最终原因被归结为用户发现该技术/系统是有用的（Davis，Bagozzi & Warshaw，1989；Davis & Venkatesh，1996）。根据创业投资项目决策研究，创业投资的决策过程大体可以分为起源、计划筛选、计划评估、项目评价、投资后活动和退出六个步骤（Boocock，1997），创投机构通过对创业项目的筛选和评估来预测初创企业的绩效预期和风险，从而确定投资意向。

综上所述，本书提出以下假设：

H6：投资的绩效预期对创投机构的投资意向有积极影响。

古德休和汤普森（Goodhue & Tompson，1995）提出的"技术绩效链"（TPC）模型认为，用户对技术的使用意向取决于技术与其所支持的任务之间的配合程度，当用户认为该技术能够满足其任务需求时，就会产生高的使用意向，反之，则会选择其他可替代的技术或产品来完成任务，随后该研究结论得到了林和黄（Lin & Huang，2008）、许筠芸（2013）等学者的验证。

本书认为，创投机构的投资意向是创投机构和初创企业共同作用的结果。一方面，初创企业的企业家特性、管理团队、产品、市场等因素是创投机构投资决策的主要依据，在投资活动前，创投机构会首先对这些因素进行评估，根据评估结果来确定接下来的投资行为（Hsu，2004；Wells，1974；Poindexter，1976）；另一方面，创投机构与初创企业在人口统计特征（如社会经历、受教育程度、年龄等）方面的相似性也会使双方的关系更加融洽，从而促进双方合作关系的达成。

综上所述，本书提出以下假设：

H7：初创企业与创投机构匹配度对投资意向有积极影响。

根据上述第 4.1.1.1 节创投机构特征和初创企业特征的描述，我们知道创投机构的客观实力与管理团队是构成创投机构特征的主要特征因素，初创企业的企业家个体特征/经验/管理能力与初创企业的管理团队、产品/技术、市场特性等反映了初创企业特征。因此，本书提出以下假设：

H1－1：初创企业的企业家个体特征对初创企业特征有积极影响。

H1－2：初创企业的企业家经验对初创企业特征有积极影响。

H1－3：初创企业的企业家管理能力对初创企业特征有积极影响。

H1－4：初创企业的管理团队对初创企业特征有积极影响。

H1-5：初创企业的产品/技术特性对初创企业特征有积极影响。

H1-6：初创企业的市场特性对初创企业特征有积极影响。

H2-1：创投机构的客观实力对创投机构特征有积极影响。

H2-2：创投机构的管理团队对创投机构特征有积极影响。

（2）投资可行性模型的研究假设。

可行性是除匹配性外影响用户使用意愿的另一个维度。一项技术或产品适用于一个用户，并不代表它适用于所有用户，可行性评价了用户使用该技术所需具备的外部因素（Liang & Wei C，2004）。图尔班（Turban，2011）等人将可行性定义为企业采用社交网络技术过程中需要考虑的组织因素，认为当社交网络技术对企业任务需求的匹配性高但可行性低时，企业应先做好相应的准备工作再考虑对该技术的使用。同时，图尔班（Turban，2011）提出，可以从预期收益与成本的经济性评价、企业 IT 平台的基础设施和人力资源三个维度对社交网络技术的可行性进行评价。

本书以图尔班（Turban，2011）等人的研究为基础，将投资可行性定义为创投机构已经准备好投资初创企业的程度，包括投资的经济可行性，是否有充足的资金投资以及创投机构的监控和增值服务能力。

投资的经济可行性，即投资的绩效预期，它包括两个方面：一个是通过评估投资初创企业的成本效益来分析该投资是否能带来足够的经济回报；另一个则是观察投资该初创企业能否给组织带来竞争优势等。

创投机构想要成功投资初创企业，是否有足够的当期投资资金是很重要的，如果投资初创企业存在资金上的困难，那么再匹配的好项目对投资机构来讲也无法对其进行投资。同时，对被投企业进行监控，是创投机构的一个普遍行为，这主要是为了降低投资过程中的委托—代理风险，确保资金的安全退出（Pruthi & Wright，2003）。可见，监控能力是创投机构在投资前必须考量的重要因素。此外，增值服务是创投机构区别于一般金融机构的主要特征。初创企业的发起者一般属于技术型人才，但缺乏一定的经营管理经验，而创投机构往往会选择自己较为熟悉的领域进行投资，并为其带来经营管理、网络资源、后续融资等多方面的支持，帮助初创企业快速成长，以保证资金的有效回收（卢智健，2012）。综上所述，本书提出以下假设：

H1－1：创投机构的当期投资资金对投资可行性有积极影响。

H1－2：创投机构对初创企业的监控能力对投资可行性有积极影响。

H1－3：创投机构对初创企业的增值服务能力对投资可行性有积极影响。

H1－4：创投机构对初创企业投资的绩效预期对投资可行性有积极影响。

H2：投资可行性对创投机构的投资意向有积极影响。

4.1.2 创投机构投资初创企业内生动力影响因素及作用机制的实证分析

4.1.2.1 观测变量设计

（1）初创企业特征的观测变量。本书所有观测变量均是在梳理前人研究的基础上，结合浙江省10家大型创投机构高层管理的访谈结果整合而成，以保证问卷的信度和内容效度。

在创业企业家方面，麦克米兰和西格尔（Macmillan & Seigel，1985）通过对纽约14家创投机构的调研，建立了包含初创企业和创投机构两方面因素的投资评价标准。其中，初创企业家个体特征包括持续不断的努力、能够准确评估风险、能快速做出反应的、能清晰地阐述风险的和照顾到细节5个指标；初创企业家经验包括彻底熟悉具有风险的目标市场、过去展现了其出色的管理能力、有关于创业的追踪记录、企业家是由值得信赖的个人或组织推荐和熟悉初创企业家声誉5个指标。此外，麦克米兰（Macmillan，1989）的研究结果表明，影响创业投资是否成功的最重要的2个初创企业家个体特征为创业的专注和热情以及对风险的把控能力，而熟悉目标市场、出色的管理能力和创业经验是最重要的3个初创企业家经验特征。瑞（Rah，1994）根据韩国20家大型创投机构高管的访谈结果，将影响创业投资成功与否的初创企业家因素评价标准归纳为10个指标，分别是：出色的洞察力和预测能力、专注和热情、良好的信誉、组织管理能力、风险管理能力、相关行业创业经验、管理能力、过去的管理经验、技术知识水平和教育背景与职业生涯。本书根据对浙江省10家创投机构的访谈结果，结合上述研究，从个体特征、经验、管理能力和创业经验四个维度来测量创业企业家因素。

在初创企业管理团队方面，麦克米兰和西格尔（Macmillan & Seigel，1985）从管理团队的组成、创业经验、职能分工与沟通能力四个方面对初创企业管理团队因素进行测量，体现了其对管理团队构成与分工的关注；卡普兰（Kaplan，2000）通过对 10 家创投机构的 42 次投资行为进行访谈分析，创建了一个详细全面的指标体系来测量创业家及创业团队的质量，其中对创业团队的测量主要包括创业团队的业绩、经验、组成等。徐绪松等（2004）的研究在此基础上加入了团队精神维度的测量，强调了管理团队文化的重要性。本书基于卡普兰（Kaplan，2000）的研究，结合实地访谈，从管理团队的业绩和经验两个方面来测量初创企业管理团队因素。

产品/技术因素一直是创业投资者最为关注的因素之一（Roure & Keeley，1990；张丰和段玮婧，2010）。其中新产品所处的研发阶段、产品的独特性、新技术的变革性、产品原材料的可获得性这些因素很受学者们的关注（Kaplan & Stromberg，2000；王丽婷，2009）。但本书认为，对初创科技型企业的投资者来说，投资的根本目标是利用产品/技术满足市场中的现实或潜在需求，从而获取高额的投资回报。如果该产品的关键技术知识产权掌握在别人手中或依附于其他技术而存在，那么投资的风险将大大提高，投资预期回报下降（王丽婷，2009）。因此，本书借鉴麦克米兰（Macmillan）的研究，从知识产权保护的角度测量初创企业的产品/技术因素。

瑞（Rah，1994）认为，被投企业的产品市场特性应该包括：产品的市场销售分布、市场的发展和销售策略、客户采购量、市场对产品的接受度、市场规模与市场发展潜力六个方面；张丰（2010）综合国内外相关研究，认为可以从市场规模、市场增长潜力、市场竞争状况和市场进入壁垒四个方面评价产品的市场因素。考虑到本书的研究对象为初创企业，这一类企业的发展往往还处于起步阶段，产品的销售策略和盈利模式尚不成熟，市场的销售分布和竞争状况等也尚未可知，故本书采用蒂吉（Tyebjee，1984）的研究，从市场潜力、市场可获得性、市场需求和市场规模四个方面来测量初创企业的市场因素。

综上所述，本书采用 6 个构面和 18 个观测变量来测量初创企业特征变量，其中包含 5 个企业家个体特征的观测变量、2 个企业家经验的观测变量、3 个企业家管理能力的观测变量、2 个初创企业管理团队的观测变量、2 个产品/技术特征的观测变量以及 4 个市场潜力的观测变量。具体观测变量详见表 4.3。

表 4.3　　　　　　　　　　　初创企业特征的观测变量

构面	问项	来源
企业家 个体特征	能够准确评估风险并快速做出反应的	麦克米兰 （Macmillan, 1985）； 瑞（Rah, 1994）； 企业访谈
	能清晰地阐述风险的	
	有良好信用的	
	专注和热情	
	照顾到细节的	
企业家经验	有关于其冒险（创业）的追踪记录	麦克米兰 （Macmillan, 1985）； 企业访谈
	对我来说，这个企业家是由值得信赖的个人或组织推荐的	
企业家 管理能力	具备出色的洞察力和预测能力	瑞（Rah, 1994）； 企业访谈
	具备卓越的组织管理能力	
	具备卓越的风险管理能力	
初创企业 管理团队	管理团队在功能上是平衡的	卡普兰（Kaplan, 2000）； 企业访谈
	管理团队是经验丰富的	
产品/技术特征	产品的知识产权保护程度高	麦克米兰 （Macmillan, 1985）； 企业访谈
	专利的独立性强	
市场潜力	市场增长潜力大	蒂吉和布鲁诺 （Tybjee & Bruno, 1984）
	市场的可获得性高	
	产品符合市场需求	
	产品市场规模大	

（2）创投机构特征的观测变量。创投机构的客观实力是投资活动成功与否的关键影响因素之一，强大的客观实力能够为创投机构带来良好的声誉，使其更容易受到初创企业的青睐（Hsu, 2004）。万（Wan, 2011）认为可以从成立年限、资金规模、投资经验三个方面来测量创投机构的客观实力，并采用创投机构的总资本来评价资金规模，已投资企业数和累计投资金额来评

价投资经验。考虑到我国的创业投资行业起步较晚，创投机构成立年限均较短，不具有可比性，故本书在万（Wan，2011）的研究基础上，删去"成立年限"作为创投机构客观实力的测量指标。

根据高层梯队理论（upper echelon theory），管理团队的认知结构和价值观决定了其对相关信息的解释力，即管理团队的特质影响着他们的战略选择，并进而影响企业绩效（Hambrick & Mason，1984）。扎鲁茨基（Zarutskie，2008）归纳梳理了高层梯队理论的实证研究，发现高层管理团队的特征主要从受教育水平、学科专业、工作经验几个方面来衡量，并在此基础上构建了创投机构的高层管理团队特征变量，认为可以从教育背景和工作经验两个方面来衡量创投机构的高管团队特征。本书参考扎鲁茨基（Zarutskie，2008）的研究，以经济与管理学科背景比重来衡量创投机构高管团队的受教育特征，以过去的管理经验来衡量其工作经验。

本书采用 2 个构面和 5 个观测变量来测量创投机构特征变量，其中包含 3 个创投机构客观实力的观测变量、2 个创投机构管理团队的观测变量，具体观测变量详见表 4.4。

表 4.4 创投机构特征的观测变量

构面	问项	来源
创投机构客观实力	总资本相较于国内平均水平较高	万（Wan，2013）；企业访谈
	迄今投资的项目（企业）数据相较于国内平均水平较多	
	累计已投资金额相较于国内平均水平较多	
创投机构管理团队	经济与管理学科背景比重较大	扎鲁茨基（Zarutskie，2008）；企业访谈
	管理经验丰富	

（3）匹配性的观测变量。

对任务技术匹配性的测度需要根据具体的情境展开。古德休和汤普森（Goodhue & Tompson，1995）在对企业内部信息系统的采纳研究中，从数据质量、数据定位能力、数据访问授权、数据相容性、培训、易用性、生产及时性、系统可靠性、信息技术与用户的关系等九个角度衡量了任务技术匹配性；斯台普斯和塞登（Staples & Seddon，2004）在对信息系统的成功评价研究中，从相容性、易学性、易用性、信息质量四个角度衡量了任务技术匹配性；张（Chang，2010）在对线上拍卖系统的采纳研究中，从预期目标、拍卖结果、互动、顺利交易、易学、常规功能和帮助七个角度衡量了任务技术匹配性；陆和杨（Lu & Yang，2014）研究了用户对社交网站的使用倾向，从适用性、充足性和适合度三个角度衡量了任务技术匹配性。

虽然，现有研究中，尚无对创业投资行为的任务技术匹配研究，但张（Chang，2014）的研究聚焦于线上拍卖系统，研究了用户对线上拍卖系统接受的过程，笔者认为这一过程与创投机构对初创企业的投资决策过程具有一定的内涵一致性，故可参照张（Chang，2014）的研究，开发符合创业投资行为的任务技术匹配量表，如表4.5所示。

表4.5 匹配性的观测变量

构面	问项	来源
匹配性	对该初创企业进行投资，将可达成本公司所预期的目标收益	辛信昌（Hsin Hsin Chang，2010）；企业访谈
	我认为投资该初创企业的产品/技术，将使本公司获得较好的投资结果	
	该初创企业提供我们好的机会，去开展与该项目其他投资伙伴之间的互动	
	我认为投资该初创企业的产品/技术，将使本公司的投资更为顺利	
	当投资该初创企业的过程发生问题，本公司将能从该项目获得所需的协助	
	总的来说，我认为投资该初创企业的产品/技术，将完成本公司所要的投资任务	

（4）绩效预期的观测变量。

在信息技术领域，学者往往采用使用绩效来评价信息系统为企业或个人带来的收益或满意度。伊格丽亚和谭（Igharia & Tan，1997）在对个人计算机采纳的研究中，从决策质量、工作绩效、工作生产率和工作效果这四个方面来测量个人计算机的使用绩效，其中后三个方面与TAM中对感知有用性的测量非常接近；施（Shih，2004）在对互联网使用的研究中，从满意度的角度测量了用户的感知绩效；关和周（Kuan & Chau，2001）在其对小型企业采用 EDI 系统的用户接受度研究过程中，将绩效预期定义为"采用 EDI 系统可能会为组织带来的各项收益"，并采用 10 个问项分别从直接和间接两个方面来测量使用绩效。

在本书中，绩效预期是指创投机构在投资某一初创企业过程中预期能够得到的收益，在创业投资领域尚无测量绩效预期的研究，但信息技术领域中的使用绩效与本书所讨论的投资的绩效预期在内涵上有一定的一致性，故本书在参考关和周（Kuan & Chau，2001）研究的基础上，结合访谈结果得到用于测量绩效预期的研究量表，如表 4.6 所示。

表 4.6　　　　　　　　　　　　　　绩效预期的观测变量

构面	问项	来源
绩效预期	我认为该初创企业的预期投资收益是高的	关和周（Kuan & Chau，2001）；企业访谈
	我认为投资该初创企业，有利于提升本公司形象	
	我认为投资该初创企业，有利于提升本公司竞争优势	
	我认为投资该初创企业，有利于本公司增进与其他投资合作伙伴的关系	

（5）投资意向的观测变量。

在信息系统领域，行为意愿是指用户对于是否使用以及未来是否会考虑使用信息系统的主观意愿的强度（Venkatesh，Morris & Davis et al.，2003）。本书首次将行为意愿的概念引入创业投资领域，并参考戴维斯（Davis，2003）的研究，将行为意愿定义为创投机构对于是否投资以及在未来是否会考虑投资某一初创企业的主观意愿的强度，即投资意向。

对行为意愿的测量，文卡塔什和戴维斯（Venkatesh & Davis，1996）从打算使用和预测会使用信息技术两个方面来测量行为意愿，并得到 0.82 ~ 0.97 的高信度；随后，文卡塔什（Venkatesh，2003）等基于之前的研究，利用打算、预测和计划三个词的递进关系来表示用户在接下来一个月中使用信息技术的行为意愿的强度，并在 6 次检验中得到了 0.88 ~ 0.92 的信度。本书参考文卡塔什（Venkatesh，2003）等的测量方法，结合创业投资的实际情况得到投资意向的研究量表，如表 4.7 所示。

表4.7 投资意向的观测变量

构面	问项	来源
投资意向	本公司未来有可能投资该初创企业	文卡塔什等（Venkatesh et al.，2003）；企业访谈
	本公司预期会投资该初创企业	
	本公司计划将投资该初创企业	

（6）当期投资资金的观测变量。

充足的财务资源是创投机构投资初创企业的重要保障。卢恩和林（Luarn & Lin，2005）从采用移动银行需要很大成本和用户对采用移动银行存在资金障碍两个方面衡量了采用移动银行的预期财务成本；王（Wang，2006）等在此基础上，从用户不存在接受移动服务的资金障碍和用户拥有充足的资金享受移动服务两个方面衡量了用户使用移动服务的预期财务资源。本书以当期投资资金来表示创投机构投资初创企业所需的预期财务资源，并在王（Wang，2006）等的研究基础上结合访谈结果，将当期投资资金的测量题项确定如表4.8所示。

表4.8 当期投资资金的观测变量

构面	问项	来源
当期投资资金	我认为投资该初创企业不构成本公司资金上的障碍	王义顺等（Yi – Shun Wang et al.，2006）；企业访谈
	我认为本公司有充足的资金去投资该初创企业	
	我认为投资该初创企业资金困难时，本公司愿意与其他投资机构联合投资	

（7）监控能力的观测变量。

创投机构对初创企业的管理投入可以分为监控活动和增值活动两部分（Clarysse, Knockaert & Lockett, 2005），创投机构通过监控初创企业的公司治理来消除信息不对称，降低代理风险，通过增值活动为初创企业创造价值，增加创投资本的回报率（Pruthi, Wright & Lockett, 2003）。创投机构对投资风险的监控水平的高低与创业投资的成败息息相关，尤其是当投资初创企业的风险较高时，创投机构对企业的监控会更加重要（Baker & Gompers, 2003）。约翰·勒纳（Josh Lerner, 1995）认为创投机构对初创企业的监控行为主要体现在当初创企业 CEO 变动时，创投机构可能会加入企业董事会；卡普兰（Kaplan，2000）认为加入董事会与塑造和招聘高管团队是创投机构对初创企业采取的最为重要的两项监控行为。麦克米兰和库洛尔（Macmillan & Kulolw，1989）的研究则表明创投机构对初创企业财务状况和经营业绩的监控是影响创业投资绩效的重要因素。

综上所述，本书在参考卡普兰（Kaplan，2000）和麦克米兰和库洛尔（Macmillan & Kulolw，1989）研究的基础上，根据访谈结果，将监控能力的测量题项确定如表 4.9 所示。

表 4.9　　　　　　　　　　　　　监控能力的观测变量

构面	问项	来源
监控能力	我认为一旦初创企业 CEO 异动，本公司具备主动或被动加入企业的董事会的能力	卡普兰（Kaplan，2000）；麦克米兰和库洛尔（Macmillan & Kulolw，1989）；企业访谈
	我认为本公司具备塑造和招聘初创企业高层管理团队的能力	
	我认为本公司具备定期监控初创企业财务状况的能力	
	我认为本公司具备定期监控初创企业经营业绩的能力	

（8）增值服务能力的观测变量。

创业投资家对初创企业的后续增值服务主要侧重于战略规划、人际沟通和社会资源三个方面，卓越的增值服务是初创企业价值增值的主要动因（于绯，2010）。普鲁提（Pruthi，2003）等人认为，增值服务可以分为：第一，与战略有关的活动，如制定战略、组建董事会、融资帮助、管理建议等；第二，与运营有关的活动，如协助制定生产运作和市场营销计划、帮助拓展客户与供应商渠道、招募管理人员、帮助制定激励机制、处理危机等。诺卡尔特（Knockaert，2005）等通过探索性因子分析将增值服务分为战略上的支持、网络资源上的支持、运作上的支持和人力资源管理上的支持等几方面。刘二丽（2008）在上述研究基础上，认为可以从创投机构对初创企业在战略、关系网络、人力资源、后续融资和生产运作五个方面的支持来描述创投机构所能提供的增值服务。

本书在参考刘二丽（2008）的研究基础上，根据访谈结果，将创投机构的增值服务能力归纳为三个主要方面：一是社会资本支持，为初创企业推荐合适的上市有关的中介机构；二是经营支持，帮助初创企业完善运行机制；三是关系网络资源支持，帮助被投企业获得其他融资资源、帮助初创企业获得更多渠道伙伴关系。具体如表4.10所示。

表4.10　　　　　　　　　　　　增值服务能力的观测变量

构面	问项	来源
增值 服务能力	我认为本公司具备为初创企业推荐合适的上市有关的中介机构的能力	刘二丽（2008）
	我认为本公司具备帮助初创企业完善公司运行机制的能力（如企业运作的规范性、薪酬体系、激励机制）	
	我认为本公司具备帮助初创企业获得其他融资资源的能力	
	我认为本公司具备帮助初创企业获得更多渠道伙伴关系的能力	

4.1.2.2　问卷预试

通过与华睿投资集团有限公司、浙江省创业投资集团有限公司、浙江省科技创业投资有限公司、安丰创投等公司高管的深度访谈，探讨问卷设计条款的专业性问题，以解决问卷的理论解释力度。

经过预试进一步改善问卷的信度和内容效度，为正式调查提供了良好的基础。

4.1.2.3　调查问卷形成

调查问卷由两部分组成：第一部分为本书的结构变量的相应条款的测量；第二部分为创投机构概况，主要包括创投机构的类型、组织形式、总体规模和投资领域等。

所有结构变量的测量均采用 Likert 七点量表（Milberg，Whan & McCarthy，1997；王小毅和马庆国，2009）进行评价，从 1～7 依次表示从"完全不同意"向"完全同意"的 7 等分变化选择。

4.1.2.4　数据收集及统计

（1）数据收集。本书主要采用上门拜访、网上调查和电子邮件的方式收集数据。调查对象均为创投机构高管及投资经理，以确保信息的真实有效。本次调查共发放问卷 198 份，回收 147 份，其中有效问卷 130 份，问卷有效率为 65.7%。

（2）样本描述。本书的有效样本的基本特征如表 4.11 所示。从创投机构的类型来看，主要以民营和国有创投机构居多，分别占比 55.38% 和 34.62%；从创投机构的组织形式来看，约 70.77% 为有限责任公司，19.23% 为合伙企业，10.00% 为股份有限公司；从投资区域来看，大部分创投机构的投资区域均集中在国内区域，仅有 8 家创投机构涉及境外投资；从创投机构的投资经验来看，所调查创投机构的调查经验总体较为丰富，累计投资 20 个项目以上的企业约占 44.61%，且有 35.40% 的创投机构累计投资金额在 10 亿元以上；从所投资的产业来看，各创投机构对国家鼓励投资的战略性新兴产业都略有涉及，其中，新能源、高节能技术，新材料工业，软件产业和 IT 服务业四大产业最受创投机构青睐，占比均在 55% 以上。基于上述分析可以看出，调查样本具有较好的代表性。

表 4.11　　　　　　　　　　　　　　　样本描述

测量	项目	样本（家）	百分比（%）
创投机构类型	国有	45	34.62
	外资	2	1.54
	民营	72	55.38
	混合所有制	2	1.54
	其他	9	6.92
创投机构组织形式	有限责任公司	92	70.77
	股份有限公司	13	10.00
	合伙企业	25	19.23
投资区域	杭州	97	74.62
	浙江省内其他地区（杭州除外）	90	69.23
	国内其他地区（浙江省除外）	90	69.23
	境外	8	6.15

续表

测量	项目	样本（家）	百分比（%）
累计投资项目数	5 个（含）以下	13	10.00
	6~10 个	14	10.77
	11~20 个	45	34.62
	21~30 个	20	15.38
	31~40 个	11	8.46
	41~50 个	6	4.62
	50 个以上	21	16.15
累计投资金额	1 亿元（含）以下	15	11.54
	2 亿~5 亿元	28	21.54
	6 亿~10 亿元	41	31.54
	11 亿~20 亿元	17	13.08
	21 亿~35 亿元	6	4.62
	36 亿~50 亿元	5	3.85
	50 亿元以上	18	13.85
所投新兴产业	软件产业	73	56.15
	IT 服务业	72	55.38
	新能源、高节能技术	82	63.08
	新材料工业	85	65.38
	网络产业	68	52.31
	生物科技	55	42.31
	环保工程	53	40.77
	传播与文化娱乐	53	40.77
	计算机硬件产业	35	26.92
	医药保健	48	36.92
	通信设备	22	16.92
	服务消费产品和服务	44	33.85
	传统制造业	34	26.15
	科学研究与技术	35	26.92
	农林牧副渔	23	17.69
	其他	6	4.62

4.1.2.5　结构方程模型

结构方程模型（structural equation modeling, SEM）起源于 20 世纪 60 年代，目前被广泛应用于心理学、经济学、社会学等多个研究领域，是社会科学研究中的一种非常好的方法（Anderson & Gerbing, 1988）。作为一种能控制大量外生变量、内生变量以及潜在变量、观测变量并描述成线性组合的多元分析技术，结构方程模型不但能够识别、估计并检验观测变量和潜在变量间的线性关系（Hair, Black, Babin, Anderson & Tatham, 2006），还能够将多元回归和因子分析方法相结合，同时估计因子结构和因子关系，这就使得某一因子的结构能够兼顾其他同时存在的变量而有所调整和改变。

一般来说，对于结构方程模型的计算可以分为两种方法：第一，基于协方差矩阵的计算，主要应用软件包括 Lisrel, Amos 和 QES（Anderson & Gerbing, 1988；Bollen & Bentler, 1980；Byrne, 1994）；第二，基于方差矩阵的计算，主要应用软件包括 PLS – PC, PLS – Graph, Smart – PLS 和 XLSTAT – PLS（Chin, 1998；Chin, 2013；Wold, 1985）。这两种方法均能解释潜变量与观测变量以及潜变量之间的因果关系，并区分变量间的直接影响、间接影响和综合影响。

由于本书的匹配性模型具有二阶层形成性（formative）构面，即企业家个体特征、企业家经验、企业家管理能力、管理团队、产品/技术、市场形成初创企业特征；创投机构实力和创投机构管理团队形成创投机构特征；当期投资资金、增值服务能力、监控能力和绩效预期形成投资可行性，故本书采用 SmartPLS 2.0 进行量测及结构模式的分析。

4.1.2.6　匹配性模型的实证分析

（1）信度、效度分析。所有题项的因素负载（λ）皆大于 0.7，符合福内尔和拉克尔（Fornell & Larcker, 1981）建议。Cronbach's α 介于 0.618 ~ 0.945，符合海尔（Hair, 2006）等的建议。组成信度（CR）介于 0.835 ~ 0.973，平均变异抽取（AVE）介于 0.613 ~ 0.947，皆符合农纳利和伯恩斯坦（Nunnally & Bernstein, 1962）的建议。所以本书的数据符合信度、收敛效度，如表 4.12 所示。

表 4.12　　　　　　　　　　　　信度指标

潜变量	观测变量	因素负载	Cronbach's α	CR	AVE
企业家特征	EC1	0.884	0.882	0.914	0.681
	EC2	0.842			
	EC3	0.853			
	EC4	0.763			
	EC5	0.777			
企业家经验	E1	0.905	0.618	0.835	0.718
	E2	0.786			
企业家管理能力	EM1	0.877	0.862	0.916	0.783
	EM2	0.872			
	EM3	0.906			
企业管理团队	ET1	0.935	0.853	0.932	0.872
	ET2	0.932			
产品	P6	0.976	0.945	0.973	0.947
	P7	0.971			
市场	M1	0.850	0.857	0.903	0.701
	M2	0.824			
	M3	0.909			
	M4	0.761			
创投机构实力	VS1	0.836	0.871	0.921	0.797
	VS2	0.941			
	VS3	0.898			
创投机构管理团队	VT1	0.905	0.713	0.873	0.776
	VT2	0.855			

续表

潜变量	观测变量	因素负载	Cronbach's α	CR	AVE
匹配性	FIT1	0.753	0.873	0.904	0.613
	FIT2	0.753			
	FIT3	0.783			
	FIT4	0.865			
	FIT5	0.766			
	FIT6	0.769			
绩效预期	E1	0.898	0.896	0.928	0.763
	E2	0.889			
	E3	0.887			
	E4	0.818			
投资意向	A1	0.916	0.927	0.953	0.872
	A2	0.947			
	A3	0.939			

各构面平均变异抽取（AVE）的平方根皆大于构面间相关系数，所以本书的数据符合区别效度，如表 4.13 所示。

表 4.13　　　　　　　相关系数矩阵

潜变量	企业家特征	企业家经验	企业家管理能力	企业管理团队	产品	市场	创投机构实力	创投机构管理团队	匹配性	绩效预期	投资意向
企业家特征	0.825										
企业家经验	0.516	0.847									
企业家管理能力	0.704	0.535	0.885								
企业管理团队	0.480	0.433	0.505	0.934							
产品	0.366	0.268	0.298	0.229	0.973						

续表

潜变量	企业家特征	企业家经验	企业家管理能力	企业管理团队	产品	市场	创投机构实力	创投机构管理团队	匹配性	绩效预期	投资意向
市场	0.629	0.494	0.575	0.630	0.408	0.837					
创投机构实力	0.173	0.222	0.343	0.336	0.174	0.237	0.893				
创投机构管理团队	0.056	0.127	0.255	0.224	0.030	0.253	0.398	0.881			
匹配性	0.255	0.194	0.256	0.335	0.167	0.369	0.424	0.339	0.783		
绩效预期	0.272	0.349	0.271	0.289	0.091	0.306	0.405	0.236	0.664	0.873	
投资意向	0.143	0.111	0.099	0.101	0.013	0.175	0.240	0.292	0.587	0.517	0.934

（2）结构方程分析。本书的模型包括二阶层形成性构面，因此在结构方程分析中，笔者将先探讨一阶层构面是否形成第二阶层构面，再针对初创企业特征、创投机构特征、匹配性、绩效预期和投资意向所组成的研究模型进行分析探讨，如图4.4所示。

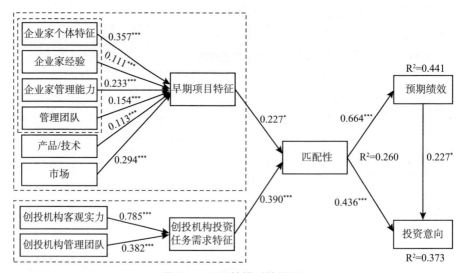

图4.4　匹配性模型的结果

从第一阶层到第二阶层形成性构面的部分，假设 H1 - 1、H1 - 2、H1 - 3、H1 - 4、H1 - 5、H1 - 6 在第一阶层企业家个体特征、企业家经验、企业家管理能力、管理团队、产品/技术、市场及第二阶层初创企业特征之间的关系，企业家个体特征（$\beta = 0.357$，$T = 15.138$，$p < 0.001$）、企业家经验（$\beta = 0.111$，$T = 10.536$，$p < 0.001$）、企业家管理能力（$\beta = 0.233$，$T = 12.134$，$p < 0.001$）、管理团队（$\beta = 0.154$，$p < 0.001$）、产品/技术（$\beta = 0.113$，$T = 4.569$，$p < 0.001$）、市场（$\beta = 0.294$，$T = 17.745$，$p < 0.001$）对初创企业特征均有正向的影响，所以本书的结果支持假设 H1 - 1、H1 - 2、H1 - 3、H1 - 4、H1 - 5、H1 - 6。假设 H2 - 1、H2 - 2 在第一阶层创投机构实力、创投机构管理团队及第二阶层创投机构特征之间的关系，创投机构实力（$\beta = 0.785$，$T = 18.030$，$p < 0.001$）、创投机构管理团队（$\beta = 0.382$，$T = 10.042$，$p < 0.001$）对创投机构特征有正向的影响，所以本书结果支持假设 H2 - 1、H2 - 2。

接着本书将分析探讨第二阶层构面间的关系。假设 H3、H4 在检视初创企业特征、创投机构特征及匹配性之间的关系。初创企业特征（$\beta = 0.227$，$T = 1.987$，$p < 0.05$）、创投机构特征（$\beta = 0.390$，$T = 5.064$，$p < 0.001$）对匹配性有正向的影响，且对匹配性的解释力（R^2）为 0.260，所以本书结果支持假设 H3、H4。

假设 H5 在检视匹配性及绩效预期之间的关系，匹配性（$\beta = 0.664$，$T = 8.985$，$p < 0.001$）对绩效预期有正向的影响，且对绩效预期的解释力（R^2）为 0.441，所以本书的结果支持假设 H5。

假设 H6、H7 在检视绩效预期、匹配性及投资意向之间的关系，绩效预期（$\beta = 0.227$，$T = 2.020$，$p < 0.05$）、匹配性（$\beta = 0.436$，$T = 3.528$，$p < 0.001$）对投资意向有正向的影响，且对投资意向的解释力（R^2）为 0.373，所以研究的结果支持假设 H6、H7。

表 4.14　　　　　　　　　　　匹配性模型的假设验证

假设	路径	系数	T 值	结果
H1 - 1	企业家个体特征—初创企业特征	0.357 ***	15.138	支持
H1 - 2	企业家经验—初创企业特征	0.113 ***	10.536	支持

续表

假设	路径	系数	T值	结果
H1-3	企业家管理能力—初创企业特征	0.233***	12.134	支持
H1-4	管理团队—初创企业特征	0.154***	10.961	支持
H1-5	产品/技术—初创企业特征	0.113***	4.569	支持
H1-6	市场—初创企业特征	0.294***	17.745	支持
H2-1	创投机构实力—创投机构特征	0.785***	18.030	支持
H2-2	创投机构管理团队—创投机构特征	0.382***	10.042	支持
H3	初创企业特征—匹配性	0.227*	1.987	支持
H4	创投机构特征—匹配性	0.390***	5.064	支持
H5	匹配性—绩效预期	0.664***	8.985	支持
H6	绩效预期—投资意向	0.227*	2.020	支持
H7	匹配性—投资意向	0.436***	3.528	支持

注：T 值大于 1.96 时，$*$ 表示 $p < 0.05$；T 值大于 2.58 时，$**$ 表示 $p < 0.01$；T 值大于 3.29 时，$***$ 表示 $p < 0.001$。

4.1.2.7　可行性模型的实证分析

（1）信度、效度分析。所有题项的因素负载（λ）皆大于 0.7，符合福内尔和拉克尔（Fornell & Larcker，1981）的建议。Cronbach's α 介于 0.819 ~ 0.927，符合海尔（Hair，2006）等的建议。组成信度（CR）介于 0.880 ~ 0.954，平均变异抽取（AVE）介于 0.648 ~ 0.873，皆符合农纳利和伯恩斯坦（Nunnally & Bernstein，1962）的建议。所以本书的数据符合信度、收敛效度，如表 4.15 所示。

表 4.15　　　　　　　　　　　　　　信度指标

构面	题项	因素负载	Cronbach's α	CR	AVE
当期投资资金	NM1	0.920	0.843	0.906	0.763
	NM2	0.916			
	NM3	0.777			

续表

构面	题项	因素负载	Cronbach's α	CR	AVE
监控能力	MS1	0.737	0.819	0.880	0.648
	MS2	0.801			
	MS3	0.878			
	MS4	0.798			
增值服务能力	V1	0.755	0.838	0.892	0.675
	V2	0.808			
	V3	0.902			
	V4	0.816			
绩效预期	E1	0.899	0.896	0.928	0.763
	E2	0.893			
	E3	0.893			
	E4	0.805			
投资意向	A1	0.909	0.927	0.954	0.873
	A2	0.950			
	A3	0.944			

各构面平均变异抽取（AVE）的平方根皆大于构面间相关系数，所以本书的数据符合区别效度，如表 4.16 所示。

表 4.16 相关系数矩阵

项目	当期投资资金	监控能力	增值服务能力	绩效预期	投资意向
当期投资资金	0.873				
监控能力	0.451	0.805			
增值服务能力	0.555	0.585	0.822		
绩效预期	0.239	0.342	0.425	0.873	
投资意向	0.628	0.460	0.521	0.515	0.934

（2）结构方程分析。本书的模型中，创投机构的当期投资资金、监控能

力、增值服务能力和绩效预期四个变量通过影响投资可行性对投资意向产生间接影响，如图4.5所示。

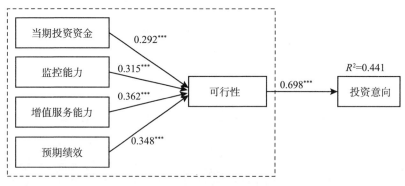

图4.5 可行性模型的结果

从第一阶层到第二阶层形成性构面的部分，假设 H1 – 1、H1 – 2、H1 – 3、H1 – 4 在第一阶层当期投资资金、监控能力、增值服务能力、绩效预期及第二阶层可行性之间的关系，当期投资资金（$\beta = 0.292$，$T = 8.080$，$p < 0.001$）、监控能力（$\beta = 0.315$，$T = 7.279$，$p < 0.001$）、增值服务能力（$\beta = 0.362$，$T = 9.791$，$p < 0.001$）、绩效预期（$\beta = 0.348$，$T = 7.389$，$p < 0.001$）对可行性均有正向的影响，所以本书的结果支持假设 H1 – 1、H1 – 2、H1 – 3、H1 – 4。

接着本书将分析探讨第二阶层构面间的关系。假设 H2 在检视可行性及投资意向之间的关系。可行性（$\beta = 0.698$，$T = 10.738$，$p < 0.001$）对投资意向有正向的影响，且对投资意向的解释力（R^2）为 0.441，所以研究结果支持假设 H2。

表 4.17　　　　　　　　　　　可行性模型的假设验证

假设	路径	系数	T 值	结果
H1 – 1	当期投资资金—可行性	0.292 ***	8.080	支持
H1 – 2	监控能力—可行性	0.315 ***	7.279	支持
H1 – 3	增值服务能力—可行性	0.362 ***	9.791	支持

续表

假设	路径	系数	T 值	结果
H1-4	绩效预期—可行性	0.348 ***	7.389	支持
H2	可行性—投资意向	0.698 ***	10.738	支持

　　注：T 值大于 1.96 时，∗ 表示 $p < 0.05$；T 值大于 2.58 时，∗∗ 表示 $p < 0.01$；T 值大于 3.29 时，∗∗∗ 表示 $p < 0.001$。

4.2　政府推动创投机构投资初创企业的作用机制研究

4.2.1　概念模型与研究假设

4.2.1.1　概念模型的构建

　　1990 年托纳茨基和弗莱舍（Tornatzky & Fleisher，1990）在《技术创新过程》一文中首次提出技术—组织—环境（technology-organization-environment，TOE）理论。该理论分析了技术、组织和环境三种不同要素对企业制定决策的影响，最初主要用于解释组织的技术整合和采纳行为，因其集合了多重考虑且针对研究命题有着较高的全面性和延展性等特点，而迅速发展起来，被国内外学者广泛应用于企业内部革新、电子商务领域、农业企业创新技术采纳等众多领域的相关问题研究。值得注意的是，在对创投机构投资意向进行研究时由于创业投资的高风险、复杂性等特征，研究中不仅要考虑创投机构本身的因素，而且还需考虑外部环境尤其政府政策对创投机构投资意向的影响。因此，本书尝试在政府推动机制的研究中应用 TOE 理论。

　　基于 TOE 理论，结合文献研究、专家访谈和创投机构实际运作情况，从影响创投机构的投资意向的角度出发，政府推动创投机构投资初创企业作用机制将从以下几个方面着手研究。一是反映技术特征的变量，主要是指创投机构内部的信息平台建设，包括创投机构获取项目的来源、渠道、途径等的综合体；二是反映组织特征的变量，包括创投机构的当期投资资金、投资的绩效预期；三是反映环境特征的变量，主要指政府行为与政策。基于 TOE 理论提出概念模型，如图 4.6 所示。

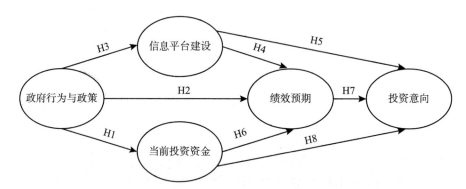

图 4.6　政府推动创投机构投资初创企业的作用机制概念模型

4.2.1.2　研究假设的提出

（1）政府与创投投资资金的研究假设。阿斯特丽德·罗曼（Astrid Romain，2003）认为"官助"的重要意义是政府出资来支持创业投资的发展，但这种制度的运行需要考量到投资对象的潜在价值和投资项目的存活率。刘瑞翔和陈森发（2007）通过研究行业数据，证明了政府适当的补贴和税收优惠政策能促进创投机构投资初创企业，提高项目投资成功率。张陆洋和肖建（2008）认为政府可以通过直接投资、引导基金以及合伙等方式对创投机构给予资金的支持。

根据上述分析，本书提出如下假设：

H1：政府行为与政策对创投机构的当期投资资金有积极的影响。

（2）政府与创投绩效预期的研究假设。布兰德等（Brander et al.，2010）通过对大量得到创业投资资金的初创企业经营绩效的分析指出，适度的政府支持能为创投机构绩效预期佳的项目带来良好发展机遇。波士顿大学的莱斯利·曾（Leslie A. Jeng）通过实证研究得出政府相关政策对创业投资的运作影响明显，尤其面临风险因素的时候抗压能力的增强，因而，会使创投机构得到较好的投资绩效。

根据上述分析，本书提出如下假设：

H2：政府行为与政策对创投机构的绩效预期有积极的影响。

（3）政府与创投信息平台建设的研究假设。虽然创业投资与孵化器并不是同一概念，本质上存有明显差异，但它们有着一定的联系。宋华静（2010）认为政府创建的孵化器也是创投机构重要的项目信息来源，它们的这种相辅相成关系，互相推动对方发展。

政府出资支持高校、企业研发的政策将会产生更多的新项目，高校、企业研发产生的新项目形成的数据库也是创投机构重要项目信息源。

根据上述分析，本书提出如下假设：

H3：政府行为与政策对创投机构的信息平台建设有积极的影响。

（4）信息平台与绩效预期的研究假设。姚先国和温伟祥等（2008）、谢瓦利埃（Chevallier，2009）通过研究项目投资的绩效预期与创投机构内部信息渠道的关系，发现越是丰富的信息源，投资的项目质量越好，投资的绩效预期会越突出。

根据上述分析，本书提出如下假设：

H4：创投机构的信息平台建设对其绩效预期有积极的影响。

（5）信息平台与投资意向的研究假设。德克（Dirk，2016）基于对市场的观察研究提出了动态变化的创业投资模型，认为创业投资者虽然了解一些关于投资项目的情况，但是在项目发展的过程中，更多的信息逐渐被挖掘出来，基于此创业投资者会对项目有更新的认识，这个时候他决定是否投资才是正确的选择。因此，信息掌握得越全对于项目的投资效益判定越有把握，也就越有意愿去作投资决策。冈珀斯和勒纳（Gompers & Lerner，1999）认为创业者本身对项目有较深的了解和掌控，而创业投资者是逐步在接触被投项目，对于项目的详细信息并不悉数了解。对于创业投资家来说给予他们更详尽的信息或是增加信息渠道的来源是对投资意向的推动是非常有利的。

根据上述分析，本书提出如下假设：

H5：创投机构的信息平台建设对其投资意向有积极的影响。

（6）创投投资资金与其预期投资绩效的研究假设。祖特施（Zutshi，1981）基于前人麦克米兰（Macmillan，1985）提出的 27 个投资评价准则，加之其多年的研究总结发现创投资本的投入与所投项目的绩效有显著的正相关关系。杨青（2002）凭借对创业投资机构决策的多年研究，得出创业投资机构的资金状况与其决策、投资绩效有一定的相关性。约翰·勒纳（Josh Lerner，1999）通过研究美国政府小企业创新研究项目中创投机构所获的投资资金与投资项目数量的关系，发现获取越多的投资资金，创投机构的投资欲望越强烈，所投的项目数量也越多，投资风险越小，预期的绩效也越好。

根据上述分析，本书提出如下假设：

H6：当期投资资金对创投机构的绩效预期有积极的影响。

（7）绩效预期与投资意向的研究假设。王振山（2010）提出，对于创投机构来说，有很多可以选择和投资的项目，但创投机构对投资项目的预期总是有逐利性的，所以在投资风险一定的条件下，创投机构自然而然地选择预期收益高的投资项目。弗兰克（Franke，2013）等研究发现绩效预期佳的投资组合往往会获得更多的投资机会。

根据上述分析，本书提出如下假设：

H7：绩效预期对创投机构的投资意向有积极的影响。

（8）投资资金与投资意向的研究假设。阿诺（Aernoudt，2003）认为大的创投机构拥有足够的资金和较强的融资能力，可以更加广泛地选择有成长潜力的项目，获取更丰厚的财务回报。约翰·勒纳（Josh Lerner，2000）实证研究了美国小企业创新项目中创投机构所获取的投资资金与投资项目数量的关系后，提出创投机构获取的投资资金越多，其投资欲望越强，所投的项目数量也越多。

根据上述分析，本书提出如下假设：

H8：当期投资资金对创投机构的投资意向有积极的影响。

4.2.2　实证研究

4.2.2.1　观测变量的设计

（1）绩效预期的观测变量。朗茨（Lentz，1981）提出由于有形资产和收益率等资料的缺乏，或者由于可得到的和企业有关的信息过少，企业绩效的测量非常复杂。所以后来的学者，例如，布鲁顿和鲁巴尼克（Bruton & Rubanik，2002）认为采用多个指标联合分析企业成长绩效较为科学，也被广泛接受和应用。

在企业绩效预期和测量方法上，有的学者采用客观绩效数据来衡量企业预计绩效，例如，罗宾森（Robinson，1999）运用8个非主观参与的指标测量了公司绩效，后来发展研究是在与竞争对手相比较时，对利润增长等一系列与公司运营相关的主观指标来衡量企业绩效。张炜（2006）采用上述方法，以盈利水平成长、员工成长、研究能力等指标测量企业的成长绩效。

本书对创投机构绩效预期的测量采用由创业投资家进行主观评价的测量方法，主要基于：首先，比尔德和迪斯（Beard and Dess，2002）证实了主观评价方法测量企业绩效的有效性，主观评价数据与客观绩效具有高度相关性。其次，本书可以调查涉及的企业大部分都是非上市企业，无法从年度报告中获得和绩效有关的数据，所以只能采用通过调查问卷获得。最后，客观绩效数据对于中国的多数非上市企业来说是商业机密，一般不愿意提供相关的数据，即使提供，其数据的可信性也受到很大限制。而采用主观测量有可能获得相对客观的企业绩效信息。

参考学者凯文和帕特里克（Kevin & Patrick，2001）实证研究的测量题项，本书从如下两个大方面度量创投机构的绩效预期，分别是竞争绩效和潜力绩效，具体如表4.18所示。

表4.18 创投机构投资绩效预期的测量题项

构面	问项	来源
绩效预期	1. 我认为该初创企业的预期投资收益是高的 2. 我认为投资该初创企业能提升本公司形象 3. 我认为投资该初创企业能提升本公司竞争优势 4. 我认为投资该初创企业能有利于本公司其他的投资实践 5. 我认为投资该初创企业能增进本公司与其他投资合作伙伴的关系	凯文·关和帕特里克·周（Kevin & Patrick，2001）；企业访谈

（2）当期投资资金的观测变量。卢恩和林（P Luarn & H H Lin, 2003）针对手机银行业务对当期投资资金从开展这个业务需投资大量资金和用手机银行业务是有资金压力的这两方面展开，王、林和彬（Y Wang, H Lin & L Pin, 2006）针对移动服务使用意向从应用移动服务并不存在投资资金负担和我有足够的资金去投资移动服务业务两个方面展开。本书参考卢恩和林（P Luarn & H H Lin, 2003），王、林和彬（Y Wang, H Lin & L Pin, 2006）的研究，结合创投机构访谈结果，用4个题项测量创投机构的当期投资资金，如表4.19所示。

表4.19　　　　　　　　　　创投机构当期投资资金的测量题项

构面	问项	来源
当期投资资金	1. 我认为投资该初创企业不构成本公司资金上的障碍 2. 我认为本公司有充足的资金去投资该初创企业 3. 我认为对本公司来说，投资该初创企业存在当期投资资金的困难 4. 我认为投资该初创企业资金困难时，本公司愿意与其他投资机构联合投资	卢恩和林（P Luarn & H H Lin, 2003）；王、林和彬（Y Wang, H Lin & L Pin, 2006）；企业访谈

（3）投资意向的观测变量。本书将投资意向定义为依据投资行为结果预期做出的投资行为判断。文卡塔什、莫里斯和戴维斯等（Venkatesh V, Morris M G & Davis G B et al., 2003）在研究用户对信息技术的投资意向通过如下三个方面观测：第一，我将在未来n月尝试使用这个系统；第二，我预测我会在未来n个月使用这个系统；第三，我计划在未来n个月使用这个系统。王等（Yi – Shun Wang et al., 2006）基于两个方面来对此进行观测：首先，假设我有途径去使用手机服务，我将会尝试；其次，未来我将增加我对手机服务的使用程度。

本书参考文卡塔什、莫里斯和戴维斯等（Venkatesh V, Morris M G & Davis G B et al., 2003）和王等（Yi – Shun Wang et al., 2006）的研究，结合访谈结果，用5个题项测量创投机构的投资意向，如表4.20所示。

表4.20　　　　　　　　　　　创投机构投资意向的测量题项

构面	问项	来源
投资意向	1. 对该初创企业进行投资，将可达成本公司所预期的目标收益 2. 我认为投资该初创企业的产品/技术，将使本公司获得较好的投资结果 3. 该初创企业提供我们好的机会，去开展与该项目其他投资伙伴之间的互动 4. 我认为投资该初创企业的产品/技术，将使本公司的投资更为顺利 5. 我认为投资该初创企业，将使该项目的产品/技术持续稳定发展	文卡塔什、莫里斯、戴维斯等（Venkatesh V, Morris M G & Davis G B et al., 2003）；王等（Yi - Shun Wang et al., 2006）

（4）政府行为与政策的观测变量。对于政府行为与政策的测量，本书参考了崔等（L Cui et al., 2008）已证实的研究结果，结合创投机构高管访谈和仔细与相关专家讨论，围绕建立标准、提供引导基金和融资担保、税收政策、信息平台建设、培育创投生态圈等展开测量，用11个题项测量有关创业投资的政府行为与政策结果，如表4.21所示。

表4.21　　　　　　　　　　　政府行为与政策的测量题项

构面	问项	来源
政府行为与政策	1. 我认为政府会建立鼓励投资的初创企业评价标准（即哪些初创企业是政府要鼓励投资的） 2. 我认为政府会建立鼓励投资初创企业的政府资金支持标准 3. 我认为政府会提供引导基金给投资初创企业的创投公司 4. 我认为政府会提供融资担保给创投公司投资的初创企业 5. 我认为政府会提供融资担保给投资初创企业的创投公司 6. 我认为政府会为担保公司建立补偿制度 7. 我认为政府会提供税收优惠政策给投资初创企业的创投公司 8. 我认为政府会推动信息平台建设，为创投公司提供更多的初创企业来源 9. 我认为政府会投资支持企业研究院，以产生更多的初创企业 10. 我认为政府会培育良好的创业投资生态系统 11. 我认为政府会建立完善的创业风险投资法律法规体系	崔、张、张和黄（L Cui, C Zhang, C Zhang & L Huang, 2008）；企业访谈

（5）信息平台建设的观测变量。对于组织内部信息平台建设的观测，梁等（Liang et al.，1980）指出要结合组织内部对信息平台的适用性进行测量。周、关和梁（P Y K Chau，K K Y Kuan & T P Liang，2007）提出了FVM（fit-viability model）模型，认为信息平台建设可以从两个方面分析测量：一是组织适用性；二是信息领域生命力。

经过专家访谈和仔细与创投机构专业人士讨论进行验证，用5个题项观测创投机构的信息平台建设，如表4.22所示。

表4.22　　　　　　　　　创投机构信息平台建设的测量题项

构面	问项	来源
信息平台建设的测量	1. 我认为本公司有充足的初创企业信息来源去支持投资决策 2. 我认为本公司有充足的初创企业供投资决策时选择 3. 我认为本公司有充足的高质量初创企业供投资选择 4. 我认为本公司有综合的初创企业数据库，以支持投资决策 5. 我认为本公司已经在初创企业的数据管理与数据安全方面建立了策略	梁等（Liang et al.，1980）；周等（P Y K Chau et al.，2007）；企业访谈

4.2.2.2　问卷设计

（1）问卷预试。在问卷初稿完成之后，通过与安丰创投、华睿投资、浙江省创投等多位创业投资企业高管及投资经理的深度访谈，探讨问卷设计的专业性和有效性，以解决问卷的理论解释力度。通过前期的预试，进一步改善问卷的信度和内容效度，为后续正式的问卷调查打好基础。

（2）调查问卷的形成。本书调查问卷由两部分构成：第一部分为研究的结构变量的相应条款的测量；第二部分是创业投资机构及被投资初创企业（项目）的基本情况。研究构面包括五部分：信息平台建设、当期投资资金、政府行为与政策、绩效预期、投资意向。其中所有变量的测量均采用Likert七点量表进行评价，其中1~7表示从"完全不同意"至"完全同意"。调查问卷详见附录3。

4.2.2.3 数据收集与统计

（1）数据收集。课题组用了 3 个月时间，对北京、浙江、江苏、上海、湖北、福建等地 158 家创投机构（包括基金公司）开展了问卷调查。正式调查中问卷的发放采用了 4 种方式：

第一种发放问卷的方式是在浙江省创业投资协会年会时，将打印出来的问卷直接发放给参加创业投资年度年会的创投机构高管，请他们现场填写，有疑问及时解答，保证理解的内容正确，然后现场回收问卷。这种方式共放出问卷 28 份，回收 25 份，全部为有效问卷。

第二种发放问卷的方式是先通过电话联系江苏、上海等地创投机构，然后以电子邮件的方式发放问卷。通过此方法发出的调查问卷共计 30 份，收到反馈共计 21 份，剔除掉雷同答案等无效问卷后，累计有效反馈问卷数共为 18 份。

第三种发放问卷的方式从创投机构名录上获得创业投资机构的地址，将问卷打印出来，到创业投资机构直接找符合条件的创业投资人员现场填写。用这种方式共发放了 62 份问卷，剔除了 1 份有多处缺答的问卷，其他均为有效问卷。

第四种发放问卷的方式是通过参加国外审计机构组织的培训，将问卷直接发放给参加培训的创投机构投资经理，问卷现场回收。通过此方法累计发放调查问卷 40 份，其中 35 份问卷得到反馈，3 份问卷存在多处缺答情况，视为无效问卷，因此最后可以用于研究的有 32 份有效问卷。

调查问卷发放与回收情况，详见表 4.23。

表 4.23　　　　　　　　　　　调查问卷发放与回收情况

发放方式	发出问卷数（份）	有效问卷（份）	问卷回收率（%）	有效问卷回收率（%）
第一种方式	28	25	89.3	89.3
第二种方式	30	18	70	60
第三种方式	62	61	98	98
第四种方式	40	32	87.5	80
合计	160	136	88.7	85

资料来源：笔者根据调查问卷数据整理。

（2）样本统计。问卷填答者的信息和样本的基本资料统计分别见表
4.24 和表 4.25。表 4.24 给出了问卷填答者信息，其中创投公司的总经理
及副总经理占比达 28.7%，投资总监占 8.1%，投资经理占 63.2%，调查
对象均为担任投资经理或以上职务，他们对问卷所提问题都能较好的理解
和把握；此外，有 95.6% 的问卷调查参与者从事创业投资业务的年限都在
3 年以上，可以说他们在此领域有一定的实践经验，能够较好的从专业角
度理解问卷的内容。调查所获数据资料比较能够准确、客观地反映出要研
究的信息。

表 4.24　　　　　　　　　　　　问卷填答者信息

	分类	频次	百分比（%）
	总经理及副总经理	39	28.7
职务	投资总监	11	8.1
	投资经理	86	63.2
	3 年以下	6	4.4
从业年限	3 ~ 5 年	66	48.5
	5 年以上	64	47.1

表 4.25　　　　　　　　　　　　样本基本资料统计

创投机构特征	分类	频次	百分比（%）	累计百分比（%）
	国有创投公司	43	31.6	31.6
公司类型	外资创投公司	4	2.9	34.5
	民营创投公司	41	30.1	64.6
	其他	48	35.3	100
	有限责任公司	86	63.2	63.2
公司的组织形式	股份有限公司	12	8.8	72
	合伙企业	23	16.9	88.9
	其他	15	11	100

续表

创投机构特征	分类	频次	百分比（%）	累计百分比（%）
成立年数	3 年（含）以内	15	11	11
	4～6 年	43	31.6	42.6
	7～9 年	22	16.2	58.8
	其他	56	41.2	100
创投公司员工人数	5 人（含）以下	11	8.08	8.08
	6～10 人	29	21.3	29.38
	11～20 人	32	23.5	52.88
	其他	64	47.1	100
公司的总资本规模	5 亿（含）元以下	39	28.7	28.7
	6 亿～10 亿元	38	27.9	56.6
	11 亿～20 亿元	19	13.9	70.5
	其他	40	29.5	100
投资区域	杭州	15	11.1	11.1
	浙江省内其他地区（杭州除外）	34	25	36.1
	国内其他地区（浙江省除外）	51	37.5	73.6
	境外	36	26.5	100
已投资的项目（企业）数	5 个（含）以下	10	7.4	7.4
	6～10 个	24	17.6	25
	11～20 个	45	33.1	58.1
	20 个以上	57	41.9	100
累计已投资金额	1 亿元（含）以下	16	11.8	11.8
	2 亿～5 亿元	28	20.6	32.4
	6 亿～10 亿元	41	30.1	62.5
	其他	51	38.0	100
创业投资的项目来源（多选）	政府部门推荐	78	57.3	—
	朋友介绍	97	71.3	—
	银行介绍	66	48.5	—
	其他	39	28.8	—

续表

创投机构特征	分类	频次	百分比（%）	累计百分比（%）
被投企业所处产业（多选）	软件产业	93	68.4	—
	IT 服务业	93	68.4	—
	新能源、高节能技术	97	71.3	—
	新材料工业	91	66.9	—
	网络产业	92	67.6	—
	其他	48	35.3	—

注：因最后两个选项是多项，累计频数无参考价值，遂未填写。

表 4.25 反映了样本企业的基本特征。从创投公司员工人数来看，既有 5 人以下的小型私人机构，也有 20 人以上的；总体来看，6～20 人员工居多。从已投资的项目（企业）数来看，既有 5 个（含）以下项目的，也有 20 个以上项目的；总体来看，20 个以上项目的居多，占 41.9%。样本企业在公司类型、组织形式、资本规模、所处发展阶段等的分布状况是基本符合创投行业状况的。

从被投企业所处的行业状况来看，样本企业涵盖了软件产业、IT 服务业、新能源、高节能技术、新材料工业、网络产业，以高新技术行业企业为主，符合创业投资企业项目的行业分布特点。基于上述分析，正式调查的样本具有较好的代表性。

4.2.2.4 模型的实证分析

（1）信度、效度分析。根据福内尔和拉克尔（Fomell & Larcker, 1981）的建议，所有题项的因素负载（λ）皆应大于 0.7，观测变量的信度才符合要求。王重鸣（2003）提出 Cronbach's α 系数是检验问卷信度常用的指标，它是用来检验测量项目是否存有一致性的程度和内部结构的良好性。吴明隆（2003）从变量的测度符合信度要求和合理程度这两个角度出发，认为较高的 Cronbach's α 系数（大于 0.7）使得两者得到了保证。此外，组成信度（CR）的指标大于 0.7 比较好（Bagozzi and Yi, 1998）。学者们一般选用平均变异数抽取量（average variance extracted,

AVE）来测量数据的聚合程度，在 0.5 或以上提取的平均潜在变量，表示潜变量的测量有足够的收敛效度（Fornell & Larcker，1981；Bagozzi & Yi，1988）。对各类因子中的所有变量通过 SPSS 软件进行信度分析，测量结果如表 4.26 所示。

表 4.26 信度指标（剔除前）

构面	题项	因素负载	Cronbach's α	CR	AVE
信息平台建设	信平 1	0.831115	0.881	0.911	0.673
	信平 2	0.877676			
	信平 3	0.811269			
	信平 4	0.781312			
	信平 5	0.798254			
投资意向	投意 1	0.910350	0.957	0.967	0.854
	投意 2	0.917385			
	投意 3	0.944963			
	投意 4	0.932527			
	投意 5	0.914934			
政府行为与政策	政策 1	0.531532	0.889	0.910	0.629
	政策 2	0.786458			
	政策 3	0.836404			
	政策 4	0.551576			
	政策 5	0.552646			
	政策 6	0.564389			
	政策 7	0.607661			
	政策 8	0.795665			
	政策 9	0.607661			
	政策 10	0.854152			
	政策 11	0.851006			

续表

构面	题项	因素负载	Cronbach's α	CR	AVE
当期投资资金	资金1	0.916867	0.843	0.906	0.731
	资金2	0.907435			
	资金3	0.682421			
	资金4	0.790803			
绩效预期	预绩1	0.762815	0.891	0.920	0.699
	预绩2	0.865540			
	预绩3	0.903745			
	预绩4	0.871571			
	预绩5	0.766777			

剔除不符合的题项，得到表4.27所示的信度指标结果。

表4.27 信度指标

构面	题项	因素负载	Cronbach's α	CR	AVE
信息平台建设	信平1	0.831115	0.881	0.911	0.673
	信平2	0.877676			
	信平3	0.811269			
	信平4	0.781312			
	信平5	0.798254			
投资意向	投意1	0.910350	0.957	0.967	0.854
	投意2	0.917385			
	投意3	0.944963			
	投意4	0.932527			
	投意5	0.914934			

续表

构面	题项	因素负载	Cronbach's α	CR	AVE
政府行为与政策	政策 2	0.786458	0.889	0.910	0.629
	政策 3	0.836404			
	政策 7	0.607661			
	政策 8	0.795665			
	政策 10	0.854152			
	政策 11	0.851006			
当期投资资金	资金 1	0.916867	0.843	0.906	0.731
	资金 2	0.907435			
	资金 4	0.790803			
绩效预期	预绩 1	0.762815	0.891	0.920	0.699
	预绩 2	0.865540			
	预绩 3	0.903745			
	预绩 4	0.871571			
	预绩 5	0.766777			

如表 4.27 所示，所有题项的因素负载都应该大于 0.7，符合福内尔和拉克尔（Fomell & Larcker，1981）的建议，Cronbach's α 系数介于 0.843 ~ 0.957，符合海尔（Hair，2006）等的建议。组成信度（CR）介于 0.906 ~ 0.967，平均变异数抽取（AVE）介于 0.629 ~ 0.854，皆符合先前学者研究所给予的建议和要求。研究数据符合信度、收敛效度。

各构面平均变异数抽取量（AVE）的平方根大于构面间的相关系数，所以本书的数据符合区别效度，如表 4.28 所示。

表 4.28　　　　　　　　相关系数矩阵

构面	信息平台建设	投资意向	政府行为与政策	当期投资资金	绩效预期
信息平台建设	0.820				
投资意向	0.455	0.924			

构面	信息平台建设	投资意向	政府行为与政策	当期投资资金	绩效预期
政府行为与政策	0.289	0.270	0.793		
当期投资资金	0.268	0.623	0.332	0.855	
绩效预期	0.563	0.592	0.175	0.271	0.836

（2）结构方程分析。本部分主要检验在概念模型中所包含的假设（如图4.7所示）是否得到实际数据的支持。对概念模型中有关假设的检验关键在于分析结构方程模型中各潜变量之间的路径系数与 T 值。政府推动创投机构投资初创企业作用机制结构方程模型中每一个假设关系的路径系数和 T 值，如表4.29所示。

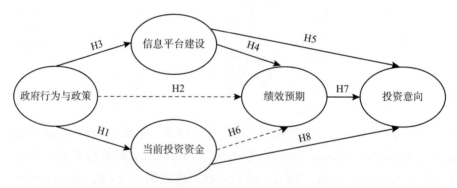

图4.7 政府推动创投机构投资初创企业作用机制的概念模型（修正后）

表4.29 结构方程模型分析结果

假设	路径	路径系数	T 值	结果
H1	政府行为与政策—当期投资资金	0.342***	3.452	支持
H2	政府行为与政策—绩效预期	−0.035	−0.381	不支持
H3	政府行为与政策—信息平台建设	0.308**	3.014	支持
H4	信息平台建设—绩效预期	0.596***	5.231	支持
H5	信息平台建设—投资意向	0.115	1.364	不支持
H6	当期投资资金—绩效预期	0.131	1.479	不支持

假设	路径	路径系数	T 值	结果
H7	绩效预期—投资意向	0.411 ***	4.283	支持
H8	当期投资资金—投资意向	0.534 ***	7.297	支持

注：T 值大于 1.96 时，＊表示 $p < 0.05$，当 T 值大于 2.58 时，＊＊表示 $p < 0.01$，T 值大于 3.29 时，＊＊＊表示 $p < 0.001$。

通过上述定性与定量分析，删除 T 检验不合格的 3 条路径，即假设 H2、H5、H6 假设不成立，其余假设均成立。

4.3　多因素交互作用对创投机构投资决策影响机制

正如第 4.1 节所述，考虑到创投机构"异质性"特征，本书以"匹配性"和"可行性"的视角，基于"任务—技术匹配"理论，在理论上构建一个创投机构投资初创企业内生动力机制模型。从创投机构投资任务需求特征与初创企业特征的"匹配性"和创投机构投资初创企业的"可行性"两个维度，探究影响创投机构投资初创企业决策意愿的关键因素及其相互作用关系。只有当创投机构与初创企业的特征同时满足匹配性以及可行性时，创投机构才会考虑将资金投向初创企业。

本书中的"匹配性"是指创投投资任务需求特征与初创企业特征相匹配，"可行性"是指创投机构对初创企业投资的绩效预期、创投机构具备的当期投资资金以及能够为被投企业提供增值服务的能力等。如果创投机构对某初创企业投资的绩效预期好，创投机构具备的当期投资资金充足以及能够为被投企业提供增值服务的能力强，那么创投机构投资该初创企业的可行性就高。

初创企业特征主要从市场、产品及技术、企业家管理能力、企业家经验、企业家个体特征以及管理团队这六个维度来描述；创投投资任务需求特征则由创投机构客观实力与创投机构的管理团队这两个维度构成。

创投机构在对项目进行投资时，最终的目的是将初创企业培育成功并获得投资收益。绩效预期是创投机构对未来投资收益的预期，决定了该项目是否具有投资价值，若绩效预期不佳，创投机构便会认为对该项目投资是不可行的，因为无利可图。创投机构的资金规模与增值服务能力会影响其对项目可行性的判断，进而影响其投资决策行为。即使项目再优秀，创投机构资金不足或者没有足够能力为初创企业提供其需要的增值服务，此项目也只能被判定为不可行。

综上所述，创业投资需求特征与初创企业特征的匹配性，创投机构对初创企业投资的绩效预期、创投机构当期投资资金以及其能否具备提供增值服务的能力等可行性决定了创投机构最终是否投资初创企业。依据以上分析构建的模型如图 4.8 所示。

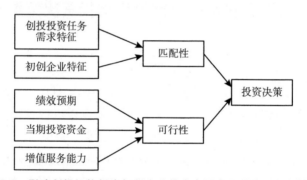

图 4.8　影响创投机构投资初创企业的内在因素及其作用机制模型

本书第 4.2 节中基于"技术—组织—环境"（TOE）理论，在考察"政府行为与政策"和创投机构当期投资资金、对初创企业投资绩效预期及信息平台建设等关系的基础上，构建"政府行为与政策"影响创投机构投资决策的作用机制模型，探究了"政府行为与政策"推动创投机构投资初创企业的作用机制。

从"政府行为与政策"推动创投机构投资初创企业的作用机制可知，政府对于创业投资决策行为的作用不在于政府直接参与投资决策，而是通过影响创投机构的资金实力、信息渠道等间接地对创投机构的决策行为产生影响（如图 4.9 所示）。

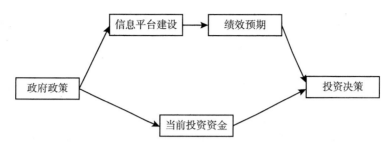

图 4.9　政府推动创投机构投资初创企业的作用机制模型

政府可以从多方面对创业投资内部信息平台建设产生影响，从而影响创业投资与初创企业的匹配性，有助于创投机构对初创企业（项目）的投资。李洪（2016）指出政府为创业投资构建优质的交流平台以及帮助创投机构建设自己的信息平台，这些都能够丰富创投机构的信息源。信息平台的建设加强了创投机构与初创企业间的信息交流，不仅提高了创投机构任务需求特征与初创企业特征的匹配性，丰富了投资项目来源，产生了更多的有投资价值的初创期项目，还减少了由于信息不对称造成的部分风险，从而促进了创投机构将资金投资于初创企业。

与信息平台的建设具有异曲同工之妙的还有政府对于创业投资行业专业中介服务机构的培育和规范。专业权威的知识产权价值评估机构、资信机构、行业协会、会计师事务所、律师事务所、信息技术咨询机构、专业市场调查机构等代理机构和顾问机构，这些专业的中介服务机构不仅为创业投资与初创企业投资双方创造交易接触条件，同时为双方顺利签约提供保障，有效地控制和分散了投资风险，在一定程度上提高创投机构与初创企业间匹配度以及匹配效率。虽然我国在专业中介服务机构的培育、建设等方面已经有了较大的发展，但还需不断完善。例如，资信机构数量和经验都还不够充分，在信息提供质量以及范围方面还比较难保证。与资信机构相同的是，会计师事务所、律师事务所都能够在一定程度上为创投机构提供必要的信息；不同的是，信息角度不同，会计师事务所主要提供的财务信息而律师事务所主要提供的是法律援助。可靠的信息源，规避了一些由于信息不对称造成的风险，从而提高了投资绩效预期，增强了创投机构对项目的可行性判断。行业协会则是一个创投机构联盟沟通和交流的一个平台，能够将多方的项目信息、投资经验、经历以及资源进行共享。共享的价值体现在：一是可以为创投机构带来更多有投资价值的初创企业（项目）信息，提高了创投机构与初创企业匹配度；二是交流获取的知识、经验和资源提高了创投机构的增值服务能力，进而也影响了创投机构对可行性的判断，从而促进了创投机构对初创企业的投资。

科技企业孵化器（以下简称孵化器），是以促进科技成果转化、培养高新技术企业和企业家为宗旨的科技创业服务载体，是国家创新体系的重要组成部分。孵化器的主要功能是以初创科技型企业为服务对象，通过开展创业培训、辅导、咨询，提供研发、试制、经营的场地和共享设施，以及政策、法律、财务、投融资、企业管理、人力资源、市场推广和加速成长等方面的服务，以降低创业风险和创业成本，提高企业的成活率和成长性，培养成功的科技企业和企业家。孵化器与创业投资密切相关，孵化器是创业投资优质项目的来源地之一，从孵化器"孵化"出的优质项目可以与创业投资的投资需求进行对接和匹配。同理，众创空间是顺应创新 2.0 时代用户创新、开放创新、协同创新、大众创新趋势，把握全球创客浪潮兴起的机遇，根据互联网及其应用深入发展和知识社会创新 2.0 环境下的创新创业特点和需求，通过市场化机制、社会化运作、专业化服务构建的便利化、全要素、开放式的开放创新及新型创业服务平台的统称。可以说，众创空间是孵化器的再升级，更注重对创新 2.0 时代众创趋势的把握与适应，比孵化器也更注重现代网络技术环境的应用，更加便利、更具开放性，也更加先进，更加具备政策上、成本管控上等多个方面的优势。因此，政府鼓励和支持孵化器和众创空间的建设，扩大了创投机构投资项目信息来源，有助于丰富和完善创投机构内部信息平台。

除了信息平台等配套设施的建设能够间接影响创投机构的决策行为外，我国现在许多关于创业投资行业的支持政策（如税收、引导基金政策等）会增加创投机构的当期投资资金，从而对创投机构决策行为产生影响。税收政策作为一种最有效的财政杠杆，通过税收优惠增加了创投机构的投资资本；政府引导基金，如以跟进投资、阶段参股等的方式，变相增加了创投机构的当期投资资金，引导基金的实施还引入了不少民间资本，使创投机构资金规模放大，促进其对相关项目（初创企业）的投资。

此外，杨青（2002）指出：创投机构投资资金又与绩效预期存在一定的相关性，阿诺（Aernoudt，2003）也认为越是具有资金能力的创投机构越是有可能获得更高的投资回报，创投机构的投资欲望强烈。

而引导基金的风险补偿及投资保障等方式，则为创投机构分担了投资风险。从风险收益角度看，引导基金提高了创投机构在同等环境下的绩效预期，由此促进了创投机构对投资项目（初创企业）可行性的判断。

还有部分人才培养和人才引进相关的鼓励和支持政策则是直接助推了创投机构的增值服务能力，从而促进创投机构投资初创企业。

政府政策中还有许多针对性较强的政策，如：小微企业税收优惠政策，购买机器设备补贴和科技成果转化补贴等。这些政策在某种程度上帮助了初创企业的发展，增加了初创企业与创投机构之间的匹配性，从而增加创投机构对该初创企业的投资意向。

综上所述，政府政策助力创投机构信息平台的建设，提升了创投机构与初创企业间的匹配度及匹配效率。同时，政府政策（如税收减免、引导基金、人才引进与培养等）又能够增加创投机构当期投资资金，增强创投机构的增值服务能力，降低投资风险，提升创投机构对拟投项目的绩效预期，从而影响创投机构对项目投资可行性的判断，最终影响创投机构对初创企业的投资决策行为。

基于前人的研究，本书在理论上构建了多因素交互作用对创投机构投资决策行为影响机制模型，具体如图 4.10 所示。

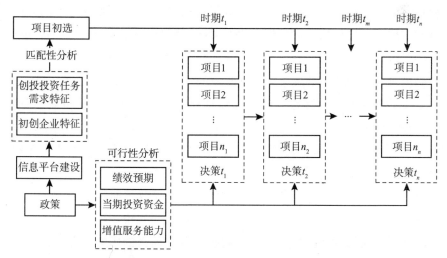

图 4.10 多因素交互作用对创投机构决策行为影响机制模型

4.4 本章小结

由于不同背景的创投机构其资金来源不同，投资动机、获取和控制资源的能力不同，在投资中所表现出的投资策略、投资偏好以及投资后对企业进行监管和提供增值服务的能力也有很大的差异性，因此，投资过程中要考虑投资双方的"匹配"性问题。此外，要获得投资的成功除了要考虑创投机构与初创企业的"匹配性"之外，创投机构是否有足够的培育初创企业成长的能力等这些体现投资"可行性"的因素也很重要，而现有关于投资初创企业动力机制研究中缺乏这方面的探讨。首先，本章以"匹配性"和"可行性"二维矩阵为分析框架，系统、全面地考察创投机构投资初创企业的内在影响因素及其相互作用机制；其次，基于技术—组织—环境理论研究政府推动创投机构投资初创企业的作用机制；最后，揭示创投机构投资初创企业的内、外动力机制。

本章将任务技术匹配理论、匹配可行性理论和技术—组织—环境理论引入到创投机构对初创企业投资动力机制的理论研究中，分别构建了创投机构投资初创企业内生动力机制、政府推动创投机构投资初创企业的作用机制理论模型，采用结构方程模型方法检验创投机构对初创企业投资内生动力机制以及政府推动创投机构投资初创企业作用机制概念模型及研究假设的合理性，剖析创投机构投资初创企业过程中的内、外动力要素及其相互间的影响关系，研究结论可为创业投资的决策行为及政府的政策制定提供理论参考。

第4.1节从理论上研究了创投机构投资初创企业内生动力机制。首先，在前文理论回顾的基础上，对创投机构特征和初创企业特征进行识别，并构建出三个理论模型。投资匹配性模型旨在识别创投机构特征与创业企业特征的匹配程度对投资意向的影响；投资可行性模型旨在识别创投机构的当期投资资金、监控能力、增值服务能力和初创企业的绩效预期等投资可行性因素对投资意向的影响；基于"匹配性"和"可行性"二维矩阵的内在动力评估模型旨在揭示投资的匹配性和可行性对投资内在动力的影响。其次，结合理论和实地访谈就各主导因素对投资意向的影响进行了假设的推导，投资匹配性模型共 13 个假设；投资可行性模型共 5 个假设。基本假设认为，初创企业特征和创投机构特征对初创企业与创投机构匹配度有直接的积极影响；初创企业与创投机构匹配度对投资绩效与投资意向有直接的积极影响，并通过投资绩效对投资意向有间接影响；初创企业家个体特征、经验、管理能力，初创企业管理团队特征、初创企业产品特性、初创企业市场特性均对初创企业特征有积极影响；创投机构客观实力和管理团队特性对创投机构特征有积极影响；创投机构充足的当期投资资金、卓越的监控能力、优秀的增值服务能力和初创企业较高的绩效预期会提高投资的可行性；投资可行性越高，投资意向越强烈。最后，对创投机构投资初创企业内生动力系统理论模型展开实证研究，主要内容包括三个部分：第一，以前人研究与实地访谈为基础，设计上文所提到的 14 个潜变量的观测变量，构建具有合理依据的测量量表，并据此设计调查问卷；第二，对问卷发放、数据收集与样本分布情况做了相应的阐述；第三，对匹配性模型和可行性模型的假设进行检验。研究发现涉及投资匹配性和可行性模型的 18 个假设全部成立。

第 4.2 节研究了政府推动创投机构投资初创企业的作用机制。首先基于技术—组织—环境理论模型建立政府推动创投机构投资初创企业作用机制的概念模型。从概念模型出发，结合相关学术研究成果，提出其中的基本假设，分别是：政府行为与政策对创投机构的当期投资资金、创投机构的内部信息平台建设、创投机构的绩效预期有积极的影响；创投机构的信息平台建设对其绩效预期、其投资意向有积极的影响；当期投资资金对创投机构的绩效预期、投资意向有积极的影响；绩效预期对创投机构的投资意向有积极的影响。其次，对政府推动创投机构投资初创企业作用机制理论模型展开实证研究，以前人研究与创投机构实地访谈为基础，设计五个潜变量的观测变量，构建测量量表，并据此设计调查问卷；对本书研究问卷发放、数据收集与样本分布情况进行了说明；然后，对变量测量的信度和效度进行了分析。最后，对相关假设进行了检验，并阐明了假设检验的结果。研究发现政府推动创投机构投资初创企业的作用机制模型中的 8 个假设有 5 个成立，即政府行为与政策对创投机构的当期投资资金有积极的影响，政府行为与政策对创投机构内部的信息平台建设有积极的影响，创投机构当期投资资金对其投资意向有积极的影响，创投机构内部的信息平台建设对其投资的绩效预期有积极的影响，创投机构的绩效预期对其投资意向有积极的影响。

第4.3节研究了多因素交互作用对创投机构决策影响机制。从创投机构、被投企业和政府政策三个方面对创投机构投资决策行为的影响因素进行了梳理和分析。其中,创投机构特征主要有创投机构管理者素质(包括教育程度、投资经验等)、风险偏好以及创投机构的资金实力及经验等;被投企业特征主要有技术成熟度、市场竞争力、未来行业前景、盈利模式、未来市场占有率、领导人素质、雇员稳定性、财务管理制度、管理人诚信等;政府政策主要有税收、引导基金、创业投资人才培养等。

通过文献的整理和相关知识的学习,了解到影响创投机构决策行为内外因素并不是单一作用的,各类因素之间存在着交互作用,并且交互作用的影响都是不可忽略的。

初创企业及创投机构作为创业投资活动中最为中心的两个主体,两者的特征基本决定了投资活动能否实现。研究发现只有当初创企业需求特征与创投机构任务特征两者相匹配且创投机构认为在当期投资资金、增值服务能力、投资的绩效预期、监控能力等反映投资可行性的要素都具备时,创投机构才具有投资该初创企业的意向。政府作为创投机构投资初创企业的推动者可以通过影响创投机构内部的信息平台建设来影响创投机构与初创企业两者间的匹配性,通过影响创投机构的当期投资资金、增值服务能力以及投资的绩效预期来影响创投机构投资初创企业的可行性,最终达到影响创投机构投资决策行为的目的。

此外,政府可以通过外部信息平台的建设(如国家创新创业信息服务网等)、专业中介服务机构的培育和规范、鼓励孵化器和众创空间的建设等来助力创投机构内部信息平台建设,以丰富项目来源,提高初创企业与创业投资的匹配性,降低投资风险。同时,政府可以通过税收、引导基金、人才培养与引进等政策创新来提升创业投资的当期投资资金、增值服务能力和投资的绩效预期,从而影响投资的可行性。

第 5 章

基于 MOTAD 模型的创投机构投资初创企业的模拟研究：以浙江省为例

5.1　MOTAD 模型的构建

关于投资组合优化理论的研究，经历了以马科维茨（Markowitz）投资组合理论为基础的现代投资组合理论以及行为组合理论两大发展阶段。20 世纪 50 年代以前早期的投资组合理论，已经有了风险条件下追求收益最大化、风险最小化的思想（现代投资组合理论的精髓），但尚未形成规范的量化分析方法。1952 年，马科维茨（Markowitz）发表题为《证券投资组合的选择》的论文，对充满风险的证券市场的最佳投资问题进行了开创性的研究，标志着现代投资组合理论的产生。现代投资组合理论为理性投资者如何借助于分散投资来优化其投资组合提供了理论依据，"预期收益最大化"和"风险最小化"是投资决策的基本准则。

为充分考虑投资风险对投资决策的影响，弗罗因德（Freund，1956）首次将基于预期效用理论的"二次规划模型"（quadratic programming model）应用于风险决策，其主要特点是寻求风险最小化下的收益最大化的投资组合。该方法从不同的理论假设出发，提出了不同的目标函数表达方式，例如，均值—方差模型和哈泽尔（Hazell，1971）提出的总绝对偏差最小化模型（minimization of total absolute deviation，MOTAD）。二者相比，MOTAD 模型能较充分地描述投资者的决策行为，且其建模方法和运算也相对简便，从而被国外学者广泛采用。目前 MOTAD 模型被广泛应用于农场生产的风险决策，不仅能较充分地描述微观农业的各种生产行为，且其建模方法和运算也相对简便。笔者认为创业投资者投资决策与农场生产的风险决策本质是一致的，即其基本思想都是寻求风险最小化情景下的收益最大化的最佳投资组合。但现有研究文献中很少见到将 MOTAD 模型用于创业投资决策中。鉴于此，本书尝试将 MOTAD 模型应用于创业投资决策行为影响效应的研究。

5.1.1　模型结构及数学表达

创业投资的绩效会受到政策环境、运营管理、技术发展、市场前景等各项因素的影响而有所变动，且这一变动是通过收益波动表现出来。不难理解，在相同的预期收益水平下，若创业投资的收益波动幅度越大，则其面临的风险就越大；同理，在一定的收益波动幅度下，若创投机构的预期收益越高，则说明其所需要承担的风险就越小。因此，在 MOTAD 模型中，创投机构所面临的投资风险水平可通过总绝对偏差，即 TAD（total absolute deviation）或投资项目总收益的平均绝对偏差，即 MAD（mean absolute deviation）来进行量化。在模型结构上，MOTAD 风险决策模型由模型假设、决策变量、目标函数以及约束条件等四部分所构成。其中，模型假设投资活动是围绕预期收益最大化或风险最小化目标进行，投资者是理性人等；决策变量主要包含投资哪些项目及各项目的投资额；目标函数指的是收益一定情况下，风险最小化（其中，收益是指全部投资项目的总期望收益，风险是指全部投资项目总收益的绝对偏差）；约束条件主要是指创业投资收益偏差约束、总期望收益约束和总投资额约束以及单个项目投资额约束等。MOTAD 模型的数学表达式如下：

$$\min \sum_{t=1}^{s} Y_t^- = \min - \sum_{t=1}^{s} \left(\sum_{k=1}^{n} (Q_{tk} - \overline{Q}_k) x_k \right), \ Q_{tk} < \overline{Q}_k \qquad (5.1)$$

$$\text{s. t.} \ \sum_{k=1}^{n} (Q_{tk} - \overline{Q}_k) x_k + Y_t^- \geqslant 0, \ (k = 1, 2, \cdots, n; \ t = 1, 2, \cdots, s)$$

$$(5.2)$$

$$\sum_{k=1}^{n} \overline{Q}_k \times x_k = \varphi \tag{5.3}$$

$$\sum_{k=1}^{n} x_k \leq B_i, \ (i=1, 2, \cdots, m; \ k=1, 2, \cdots, n) \tag{5.4}$$

$$x_k \leq A_t B_i \tag{5.5}$$

$$x_k, \ Y_t^- \geq 0 \tag{5.6}$$

其中，式（5.1）为目标函数，其含义是指寻求创业投资所投项目总收益的绝对偏差（TAD）最小化或者是平均绝对偏差（MAD）最小化，即风险最小化。式（5.1）目标函数中的 $\overline{Q}_k$ 表示的是第 k 项创业投资项目的单位期望毛利，Q_{tk} 则表示的是第 k 项创业投资项目在第 t 年所获得的投资收益，x_k 表示的是创投机构对第 k 项投资项目的投资金额；式（5.2）至式（5.6）分别表示不同的约束条件，其中约束条件式（5.2）代表收益偏差约束，它表示在某一自然状态下，创投机构的所有投资项目的收益偏差不小于 Y_t^-，Y_t^- 又表示第 t 年的各投资项目中实际收益水平小于样本平均水平的绝对偏差的绝对值之和；约束条件式（5.3）代表的是期望收益约束，它表示创投机构所有投资项目的总期望收益，属于收益参数，在确定参数 ϕ 的初始值之后，可以通过对 ϕ 进行灵敏度分析，以此来确定一系列相应的期望收益约束；约束条件式（5.4）中的 B_i 是指创投机构项目投资金额总额的约束，表示第 i 个创投机构能够用于项目投资的资金总量；约束条件式（5.5）表示对每个投资项目所能获取的投资金额的约束，对于不同的投资总额 B_i，相应的 A_i 值也会有所变化；约束条件式（5.6）则表示项目投资额以及绝对偏差的绝对值之和为非负约束。

5.1.2 模型参数的确定

实证构建 MOTAD 模型需要合理确定各种模型参数。下文将对 MOTAD 模型中的一些参数进行分析确定。

5.1.2.1 投资期望收益

目标函数式（5.1）中的 $\overline{Q}_k$ 表示创业投资项目的单位期望收益，通常是按该项目历年的平均收益来计算，但由于相关历史数据的收集较为困难，因此本书采用了浙江全省行业平均期望收益来替代。

5.1.2.2　收益偏差系数

收益偏差系数是投资风险水平的量化反映。目标函数式（5.1）中的
$(Q_{tk} - \bar{Q}_k)$ 表示的是创业投资项目各年的收益偏差系数，即投资项目的实际
单位收益与单位期望收益之差。本书通过使用调研收集的浙江省内 102 家创
投机构（包括创投基金）2014～2016 年共计 395 个投资项目的投资额、年利
润率、单位投资收益等详细数据来计算收益偏差系数。需要指出的是：某投
资项目各年收益偏差系数数值的大小，表明该投资项目收益偏离平均单位收
益的程度，偏离程度越大，风险也就越大。表 5.1 显示的是笔者调研的浙江
省创投机构（创投基金）所投项目所处行业的单位期望收益及各年的收益偏
差系数。

表 5.1　　　　浙江省创业投资所投行业（项目）的收益及其偏差　　　单位：亿元

行业（项目）	单位期望收益	2014 年收益偏差系数	2015 年收益偏差系数	2016 年收益偏差系数
IT 服务业	0.11	−0.02	0.01	0.01
传播与文化娱乐	0.27	−0.18	0.11	0.07
新能源、高节能技术	0.11	0.00	0.02	−0.02
医药保健	0.11	−0.01	0.00	0.01
通信设备	0.08	0.00	0.01	0.00
农林牧副渔	0.12	−0.03	0.06	−0.03
环保工程	0.11	−0.03	0.00	0.03
传统制造业	0.12	−0.02	0.01	0.01
网络产业	0.08	−0.01	0.00	0.02
新材料工业	0.03	0.10	−0.07	−0.02
生物科技	0.07	0.00	0.00	0.00
消费产品和服务	0.15	−0.06	0.04	0.02
采掘业	0.10	0.02	0.00	−0.02
软件产业	0.11	−0.02	0.00	0.02

续表

行业（项目）	单位期望收益	2014 年收益偏差系数	2015 年收益偏差系数	2016 年收益偏差系数
金融服务业	0.28	− 0.06	0.01	0.05
科技服务	0.12	− 0.03	− 0.01	0.03
计算机硬件产业	0.08	− 0.01	0.00	0.01
光电和光电机一体化	0.08	0.00	0.02	− 0.01
其他行业	0.12	− 0.02	0.00	0.01

资料来源：作者调查与计算。

5.1.2.3 约束条件

MOTAD 模型中的式（5.5）反映的是创投的多元化约束条件，反映创投机构为分散风险会选择将资金投向不同领域或行业，或者是在投资一个行业时会选择将资金投给不同企业。在实际操作中，创投机构通常会对每一个基金中各投资项目的投资金额进行限制，尤其是对资金规模大的基金，若其单个投资项目（企业）的投资金额过大，则不能起到分散风险的作用。因此，对于不同的投资总金额 B_i，其投资项目中第 k 个项目投资额 X_k 的约束系数 A_i 就会有所不同。

本书中 A_i 值的确定是通过采用专家调查法，在征求专家意见并多次沟通的情况下，最终确定了资金规模的划分标准以及相应资金规模下单个项目的投资约束系数 A_i。最终确定的基金类型划分标准及各资金规模下单个项目的投资约束系数 A_i 值具体结果如下：大资金规模的投资额范围规定为 3 亿 ~ 5 亿元（包括 3 亿元），相对应的单个项目投资约束系数为 0.2；中资金规模的投资额范围规定为 1 亿 ~ 3 亿元（包括 1 亿元），相对应的单个项目投资约束系数为 0.25；小资金规模的投资额范围规定为小于 1 亿元的，相对应单个项目投资约束系数为 0.3。资金规模划分标准及相应资金规模下的投资约束系数假设，如表 5.2 所示。

表 5.2　　　资金规模划分标准及相应资金规模下的投资约束系数假设

资金规模	投资金额 B_i（亿元）	投资约束系数 A_i
大规模	$3 \leqslant B_i < 5$	0.20
中规模	$1 \leqslant B_i < 3$	0.25
小规模	$B_i < 1$	0.30

资料来源：作者计算。

5.1.3　模型的建模步骤

建立创投机构的 MOTAD 模型，主要涉及以下 2 个建模步骤：

（1）MOTAD 模型中，约束条件式（5.3）中的期望收益初始值需要通过求解以收益最大化为目标函数的确定型决策模型来确定，其目标函数为 MOTAD 模型中的约束条件式（5.3），其约束条件仍为 MOTAD 模型中的式（5.2）和式（5.4）。通过求解该确定型决策模型求得式（5.3）所对应的第一个 ϕ 值，将其代入 MOTAD 模型，可求得全部投资项目收益的平均绝对偏差初始值（MAD_0）。在此基础上，根据对确定型决策模型的灵敏度分析结果，再次求解 MOTAD 模型，可得到模型最优基不变且 ϕ 值可以减少的最大数，从而确定下一个收益值 E_1；再将 E_1 代入 MOTAD 模型并求出相应的 MAD_1 值。如此重复，直至 ϕ 值为 0，或虽不为 0 但 MOTAD 模型出现无解为止。这样，就可以得到一系列期望收益（E_n）与风险水平（MAD_n）的不同组合，表明收益与风险的互动关系。

（2）采用 GAMS（general algebraic modeling system）系统来进行模型的计算分析。将上述 MOTAD 模型数学表达式、模型参数和相关数据都纳入 GAMS 系统中，对模型进行求解。模型优化解可显示不同风险水平与期望收益之间的互动关系，以及在不同"风险—收益"组合状态下各投资项目的优化规模。

5.1.4　求解过程

根据 MOTAD 模型的结构可推知，MOTAD 模型的解应为向量，可表示为

$(x_1, x_2, \cdots, x_n; Y_1^-, Y_2^-, \cdots, Y_s^-)$ 的集合。MOTAD 模型的具体求解过程如下：

步骤一：首先求解出在非风险条件下的最大化期望收益，也就是 MOTAD 模型中的第二个约束条件式（5.3）中所对应的第一个 ϕ 值，可通过求解相应的以收益最大化为目标函数的确定型模型来确定。以简化的 MOTAD 模型为例，单纯以收益最大化为目标函数的确定型模型，由 MOTAD 模型的约束条件式（5.3）至约束条件式（5.6）组成，并将约束条件式（5.3）转换为目标函数，同时约束条件式（5.6）也相应作适当调整。具体的模型形式如下：

$$\max E = \sum_{k=1}^{n} \overline{Q}_k x_k \tag{5.7}$$

$$\text{s. t.} \sum_{k=1}^{n} x_k \leq B_i, \quad (i = 1, 2, \cdots, m) \tag{5.8}$$

$$x_k \leq A_i B_i \tag{5.9}$$

$$x_k \geq 0 \tag{5.10}$$

根据上述以收益最大化为目标函数的确定型模型，即可以求得在现有资源约束条件下的最大期望收益值 E_0，也可以求得与最大化期望收益相对应的各项目的投资规模，也即 $x_k(k = 1, 2, \cdots, n)$ 所代表的数值。

步骤二：将步骤一求出的最大期望收益值 E_0，作为风险条件下的第一个收益值（将其记为 E_1），也就是收益参数的第一个值，代入 MOTAD 模型约束条件中的式（5.3），通过模型的运行，就得到 $x_k(k = 1, 2, \cdots, n)$、$Y_t^-(t = 1, 2, \cdots, s)$ 和负的总绝对偏差（$TAD/2$）。然后根据公式

$$MAD = TAD/S = 2/S \times \sum_{t=1}^{s} Y_t^-$$

便可以求得第一个相应的平均绝对偏差值 MAD，即为预期收益水平 E_1 所对应的风险水平。这样不但求得了第一组收益（E_1）与风险（MAD_1）的组合，还得到了在该种风险收益水平下的各投资项目的优化规模。

步骤三：在对上述 MOTAD 模型进行求解的同时还需进行灵敏度分析，可以得到为保持最优基不变，允许减少的最大值。随后根据灵敏度分析的结果来确定 MOTAD 模型中收益参数的第二个值，即风险条件下的第二个收益水平 E_2。

步骤四：将上述通过灵敏度分析得到的收益参数的第二个值代入 MOTAD 模型，重复步骤二，就可以得到第二组 MAD_2 与 E_2（风险收益）组合，以及与其相对应的优化投资规模。

步骤五：重复步骤三和步骤四，直到灵敏度分析结果显示收益参数 ϕ 的值为 0 或收益水平不能再减少或将 ϕ 值代入 MOTAD 模型后模型无解为止。

通过上述步骤，最终可以得到一系列有关 MAD（风险水平）和 E（预期收益）的组合，以及与其相对应的各投资项目的优化规模 x_k。

需要说明的是，根据实地调研获得的资料显示，大多数的创投机构在初创企业项目投资预期的总收益低于年化收益的 8% 时，将不再考虑对其进行投资。因此，本书在求解过程中，当灵敏度分析的结果显示 ϕ 值小于年化收益的 8% 时停止计算。

5.2　创业投资风险水平的量化

正如第 2 章创业投资风险度量方法的研究中所述，对于风险水平量化分析，学者们提出了多种量化的方法，这些方法各自有其优缺点。尤其是在创业投资决策模型中，很多学者使用方差、标准差等变异指标作为风险的度量，例如美国著名学者弗伦德（Freund）在 20 世纪 50 年代提出的风险决策二次规划模型中，就使用方差作为风险量化的指标。但是正如第二章中所述，使用方差作为风险的度量，有可能会掩盖均值的差异，而假若使用总绝对偏差法进行风险的度量，则可避免这些问题。

样本值与均值之差即绝对偏差，总绝对偏差就是各样本值与均值之差的绝对值之和，它可以较充分地反映样本的离散程度，因此可用作衡量风险水平的有效指标（马万里、阮琦和陈波，2016）。总绝对偏差的计算公式为：

$$V_{tj} = \sum_{j=1}^{n} \left| C_{tj} - \bar{C}_j \right| \tag{5.11}$$

其中，V_{tj} 表示创业投资项目 j 在第 t 年的风险水平，也就是该项目各年的偏差绝对值之和，即总绝对偏差；C_{tj} 是创业投资项目 j 在第 t 年的实际收益水平；$\bar{C}_j$ 是创业投资项目 j 的平均收益水平；相应的取值范围为：$j = 1, 2, \cdots,$

n；$t = 1$，2，$\cdots$，m；其中 n 是创业投资项目的总数，m 是自然状态的总数目。

当 $C_{tj} > \bar{C}_j$ 时，式（5.11）为：

$$V_{tj} = \sum_{j=1}^{n} (C_{tj} - \bar{C}_j) \tag{5.12}$$

当 $C_{tj} < \bar{C}_j$ 时，式（5.11）为：

$$V_{tj} = - \sum_{j=1}^{n} (C_{tj} - \bar{C}_j) \tag{5.13}$$

根据式（5.11），V_{ij} 值越大，表明样本值越分散，也即在风险状态下，样本值偏离平均值的程度越大，因此风险水平也就越高。

本章基于浙江省 102 家创投机构（包括基金公司）2014～2016 年投资项目的投资额、年利润率、单位投资收益等的一手数据资料，采用绝对偏差法对所调查投资项目（企业）的行业分布、各年投资收益率及风险水平状况进行详细的分析，以全面了解和比较创投机构所投行业的整体风险水平和收益状况，为创投机构的投资决策提供依据。

5.3　基于 MOTAD 模型的模拟研究

5.3.1　模拟情景设计

本书以"不同资金规模""免征增值税""发行债券"分别设计 MOTAD 模型的模拟情景，以探寻资金规模变化和免征 6% 增值税及发行债券对创业投资决策行为的影响效应。

5.3.1.1　"不同资金规模"情景

为模拟分析风险条件下创投机构的优化反应行为，按照 MOTAD 模型的建模要求，需要有关创投机构投资的详细数据资料。为此，笔者分别对浙江省创投机构比较集中的杭州、宁波、湖州、绍兴、嘉兴、衢州等地区的创投机构（包括创投基金）进行了调研，获取了 2014～2016 年 102 家创投机构

（包括创投基金）共计 395 个投资项目的投资额、年净利润、单位投资收益等详细数据，并从 102 家浙江创投机构（包括创投基金）中选择了 3 家比较典型的创投机构的基金公司进行分析，分别是：A 基金公司，管理资金规模 3.8 亿元；B 基金公司，管理资金规模 2 亿元；C 基金公司，管理资金规模 0.8 亿元[①]。本书采用三种资金规模来模拟研究投资资金的变化对创投机构决策行为的影响效应。MOTAD 模型中的式（5.5）多元化约束中 A_i 值是通过采用专家调查法确定。首先，笔者在浙江省 102 家创投机构（包括创投基金）的高管中选择 35 位创业投资专家；然后，就基金类型的划分标准和每一类型基金单个项目投资约束系数 A_i 的数值征求专家意见；经过几次沟通，专家们形成统一意见后，最终确定基金类型的划分标准及相应的 A_i 值（如表 5.2 所示）。具体按投资总额的大小来划分基金类型，将投资额为 3 亿~5 亿元（包括 3 亿元）的基金定义为大资金规模基金，单个项目投资约束系数为 0.2；将投资额为 1 亿~3 亿元（包括 1 亿元）的基金定义为中资金规模基金，单个项目投资约束系数为 0.25；将投资额为小于 1 亿元的基金定义为小资金规模基金，单个项目投资约束系数为 0.3。

5.3.1.2 "免征增值税"情景

创投机构投资的预期收益与政府的税收政策有着密切的关系，目前浙江省不同投资主体的税收政策，如表 5.3 所示。

表 5.3 不同投资主体的税收政策比较

税种	投资主体		
	个人	合伙企业	公司
增值税	无	6%	6%
所得税	20% 所得税	5%~35% 个人所得税	25% 企业所得税，20% 个人所得税（再分配时）

资料来源：作者整理。

[①] 因涉及创投机构经营信息保密问题，本书中创投基金等名称均为化名。

对于个人、合伙企业、公司三类不同投资主体，其税收政策各异。针对做股权投资的合伙企业，由于运作资金规模较大，往往除了缴纳 6% 的增值税外，通常还需再缴纳 35% 的个人所得税，这与个人投资的 20% 税负相比显然有些不公平。这是因为合伙企业不是纳税主体，合伙企业中的个人合伙人理应享受与个人投资者为主体投资一样的纳税标准，而目前这样的税收政策带来的结果是不鼓励做规范的合伙制企业，而是让投资者回归个人投资模式，因为同样投资情况下，个人投资模式比合伙企业制模式交的税更少。这与政府鼓励创业投资业规范运作，做大做强的愿景不一致。因此，现有的税收政策需要改进，使做股权投资的合伙制企业的税收达到与个人投资者一致的水平，实现税负公平。基于以上分析，并借鉴国外发达国家的税收政策，本书的"免征 6% 增值税"政策情景设计如下：对于做股权投资的合伙制企业其税收的构成是免交 6% 的增值税，个人所得税改为统一缴纳 20%。相应地创投机构每年的投资收益率的计算方式也会发生变化，即：

$$投资收益率 = 投资额收益/创投机构投资额$$

$$= (投资收入 - 成本 - 税收)/创投机构投资额 \quad (5.14)$$

式（5.14）中的税收，增值税由原来的 6% 改为 0，个人所得税由原来的 35% 改为 20%，经过上述调整后，会导致创投机构各年的平均单位收益有所变化，因此单位期望收益及相应的收益偏差系数也将发生变化。表 5.4 是"免征 6% 增值税"情景下创投机构各投资项目（行业）的单位期望收益及收益的偏差系数。

表 5.4 　　　"免征 6% 增值税"情景下行业（项目）投资期望

收益及其偏差　　　　　　　　单位：亿元

行业（项目）	单位期望收益	偏差系数 1（2014 年）	偏差系数 2（2015 年）	偏差系数 3（2016 年）
IT 服务业	0.13	−0.02	0.01	0.01
传播与文化娱乐	0.33	−0.21	0.13	0.08
新能源、高节能技术	0.13	0.00	0.02	−0.02
医药保健	0.13	−0.01	0.00	0.01

续表

行业（项目）	单位期望收益	偏差系数1（2014年）	偏差系数2（2015年）	偏差系数3（2016年）
通信设备	0.11	0.00	0.01	0.00
农林牧副渔	0.14	-0.04	0.07	-0.04
环保工程	0.13	-0.04	0.00	0.04
传统制造业	0.14	-0.02	0.01	0.01
网络产业	0.11	-0.01	0.00	0.02
新材料工业	0.04	0.12	-0.08	-0.02
生物科技	0.08	0.00	0.00	0.00
消费产品和服务	0.18	-0.07	0.05	0.02
采掘业	0.12	0.02	0.00	-0.02
软件产业	0.13	-0.02	0.00	0.02
金融服务业	0.34	-0.07	0.01	0.06
科技服务	0.14	-0.04	-0.01	0.04
计算机硬件产业	0.11	-0.01	0.00	0.01
光电和光电机一体化	0.11	0.00	0.02	-0.01
其他行业	0.14	-0.02	0.00	0.01

资料来源：作者调查与计算。

5.3.1.3 "发行债券"情景

创业投资行业在我国起步相对较晚，只有30多年的历史，但近年进入了发展的"快车道"，成为我国金融行业中不可忽视的一股新生力量。创业投资在实际运作中是一个融资与投资相结合的过程，而融资又占据了举足轻重的地位，融到资金往往就是成功的一半。在政策春风的不断吹拂下，自2015年起，中国创业投资规模增长很快，募资金额首次突破1200亿美元，其中新募基金数大增，是2014年总数的近4倍；投资案例数超过8000件，投资总额约为854亿美元，均创下历史新高。然而，也应该看到截至2016年我国备案创投机构总资产仅相当于美国创业投资公司20世纪90年代的水平（胡志坚、张晓原和张志宏，2017）。

目前我国创投机构的主要融资途径有以下几种：第一，企业内部融资：包括直接投资回收后的资金，LP 投资收益的分成，股东对公司的借款；第二，企业外部融资：包括 LP 模式融资，政府引导基金的阶段参股、跟进投资，以及创投机构为所投资企业担保的贷款（创投机构可以用后期投资置换，实际上是间接融资）。可见，我国目前创投机构的融资渠道比较单一，创投机构管理的资金非常有限。由于债权型融资方式的财务杠杆和节税效应，在允许风险范围之内，该方式应该是创投机构优先考虑的外源融资方式。

因此，本书"发行债券"的政策情景设计如下：

债券的期限一般为 3~5 年。首先，由政府建立"专项担保基金"（由政府引导基金和创投机构资金共同构成），并找到合适的商业银行，结成保售联盟，签署保售联盟协议。由保售联盟共同认定符合发行债券的创投机构的标准和具体实施方法。符合标准的创投机构需要发行债券时，将发债总额的 8% 缴存到"专项担保基金"，由保售联盟给予发行专项债券。创投机构履行完还债义务后可从"专项担保基金"中返还所缴存的资金。

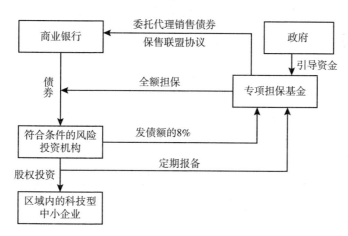

图 5.1 新型"发行债券"的政策设计

创投机构发行的债券由"专项担保基金"全额担保，创投机构通过商业银行向社会销售债券的形式来发行债券。一般，"专项担保基金"可按1∶10的比例来放大其担保功能，即用1亿元的担保资金可用于担保10亿元的债券发行量。债券发行的利率由市场决定，本书假定债券发行利率为8%和10%两种。

5.3.2 情景模拟结果分析

5.3.2.1 资金规模变化对创业投资决策的影响分析

根据MOTAD模型的模拟结果可知：

（1）资金规模A至资金规模C各投资方案的风险水平、预期收益以及与其相对应的各投资项目的优化规模，也即不同资金规模创投机构在一定风险收益水平下投资项目的最佳组合（结构）及各投资项目的最优投资金额（规模），详见表5.5至表5.7。这些数据信息反映了风险条件下投资者决策的优化反应，可以为投资者提供科学的决策参考，有利于资金的优化配置和高效利用。

表5.5　　　　　　资金规模A情景下投资项目的优化结构及规模　·单位：万元

行业（项目）	资金规模A								
	方案1	方案2	方案3	方案4	方案5	方案6	方案7	方案8	方案9
预期收益	7102	7049	6980	6757	6286	5394	4870	4141	3351
风险水平	1952	1736	1682	1504	1207	659	514	385	254
IT服务业	0	0	0	0	2800	0	0	0	0
传播与文化娱乐	7600	7600	7600	7600	4800	0	0	0	0
新能源、高节能技术	0	0	0	0	0	0	0	0	0
医药保健	0	0	1880	7600	7600	7600	0	0	0
通信设备	0	0	0	0	0	0	7600	7600	7600
农林牧副渔	7600	0	0	0	0	0	0	0	0
环保工程	0	0	0	0	0	0	0	0	0

续表

行业（项目）	资金规模 A								
	方案 1	方案 2	方案 3	方案 4	方案 5	方案 6	方案 7	方案 8	方案 9
传统制造业	7600	7600	7600	7600	7600	7600	7600	7600	6400
网络产业	0	0	0	0	0	0	0	0	0
新材料工业	0	0	0	0	0	0	0	0	0
生物科技	0	0	0	0	0	2740	7600	7600	6400
消费产品和服务	7600	7600	5720	0	0	0	0	0	0
采掘业	0	0	0	0	0	0	0	0	0
软件产业	0	0	0	0	0	4860	0	0	0
金融服务业	7600	7600	7600	7600	7600	7600	6943	3290	0
科技服务	0	0	0	0	0	0	0	0	0
计算机硬件产业	0	0	0	0	0	0	657	4310	7600
光电和光电机一体化	0	0	0	0	0	0	0	0	0
其他行业	0	7600	7600	7600	7600	7600	7600	7600	7600

资料来源：作者调查与计算。

表 5.6　　　资金规模 B 情景下投资项目的优化结构及规模　　　单位：万元

行业（项目）	资金规模 B								
	方案 1	方案 2	方案 3	方案 4	方案 5	方案 6	方案 7	方案 8	方案 9
预期收益	4113	4095	3724	3239	2893	2441	2082	1872	1733
风险水平	1225	1154	813	494	328	243	179	143	118
IT 服务业	0	0	0	0	0	0	0	0	0
传播与文化娱乐	5000	5000	3915	970	0	0	0	0	0
新能源、高节能技术	0	0	0	0	0	0	0	0	0
医药保健	0	0	1085	4030	0	0	0	0	0
通信设备	0	0	0	0	318	5000	5000	5000	5000
农林牧副渔	5000	2500	0	0	0	0	0	0	0
环保工程	0	0	0	0	0	0	0	0	0

续表

行业（项目）	资金规模 B								
	方案 1	方案 2	方案 3	方案 4	方案 5	方案 6	方案 7	方案 8	方案 9
传统制造业	0	2500	5000	5000	4682	1680	3770	5000	5000
网络产业	0	0	0	0	0	0	0	0	0
新材料工业	0	0	0	0	0	0	0	0	0
生物科技	0	0	0	0	5000	5000	5000	5000	5000
消费产品和服务	5000	5000	0	0	0	0	0	0	0
采掘业	0	0	0	0	0	0	0	0	0
软件产业	0	0	0	0	0	0	0	0	0
金融服务业	5000	5000	5000	5000	5000	3320	1230	0	0
科技服务	0	0	0	0	0	0	0	0	0
计算机硬件产业	0	0	0	0	0	0	0	0	5000
光电和光电机一体化	0	0	0	0	0	0	0	0	0
其他行业	0	0	5000	5000	5000	5000	5000	5000	0

资料来源：作者调查与计算。

表 5.7　　　　　资金规模 C 情景下投资项目的优化结构及规模　　　单位：万元

行业（项目）	资金规模 C								
	方案 1	方案 2	方案 3	方案 4	方案 5	方案 6	方案 7	方案 8	方案 9
预期收益	1784	1775	1436	1305	1196	944	857	719	697
风险水平	524	498	254	168	136	89	73	49	46
IT 服务业	0	0	0	0	0	0	0	0	0
传播与文化娱乐	2400	2400	800	0	0	0	0	0	0
新能源、高节能技术	0	0	0	0	0	0	0	0	0
医药保健	0	0	0	800	0	0	0	0	0
通信设备	0	0	0	0	552	2400	2400	2400	2400
农林牧副渔	800	0	0	0	0	0	0	0	0
环保工程	0	0	0	0	0	0	0	0	0

续表

行业（项目）	资金规模 C								
	方案 1	方案 2	方案 3	方案 4	方案 5	方案 6	方案 7	方案 8	方案 9
传统制造业	0	900	2400	2400	248	1890	2400	800	2400
网络产业	0	0	0	0	0	0	0	0	0
新材料工业	0	0	0	0	0	0	0	0	0
生物科技	0	0	0	0	2400	2400	2400	2400	2400
消费产品和服务	2400	2300	0	0	0	0	0	0	0
采掘业	0	0	0	0	0	0	0	0	0
软件产业	0	0	0	0	0	0	0	0	0
金融服务业	2400	2400	2400	2400	2400	1310	800	0	0
科技服务	0	0	0	0	0	0	0	0	0
计算机硬件产业	0	0	0	0	0	0	9000	0	800
光电和光电机一体化	0	0	0	0	0	0	0	0	0
其他行业	0	0	2400	2400	2400	0	9000	2400	0

资料来源：作者调查与计算。

（2）通过 MOTAD 模型的计算结果，发现资金规模、投资风险水平与预期收益三者之间存在动态的变化关系，不同资金规模各投资方案的投资结构及投资金额都存在差异，详见表5.5至表5.7。这充分说明不同资金规模下创投机构的决策行为存在差异，从微观层次上揭示了资金规模的变化对创投机构决策行为的影响效应。

（3）基于 MOTAD 模型，进一步得到三种资金规模下创投机构投资的预期收益与风险水平的对比情况，详见图5.2。从图5.2中可以看出创投机构在不同的资金规模下，面临的投资风险和收益水平都存在差异。一般而言，创投机构持有的资金规模越大，其所能获取的预期收益就越高，但需要承担的风险也越高；反之，创投机构持有的资金规模越小，其所能获取的预期收益就越低，需要承担的风险也越小。在相同风险水平下，创投机构持有的资金规模越大，其所能获得的预期收益越高。此外，资金规模 C 投资的行业（项目）数 < 资金规模 B 投资的行业（项目）数 < 资金规模 A 投资的行业

（项目）数，即随着投资资金规模的增加，实际投资的行业（项目）数也呈现了递增的趋势。这也说明资金规模大的基金，可以实施相对丰富的多元化投资策略，从而使其投资面临的风险得到一定程度的弱化，实现相对较高的投资收益。因此，增加创投机构的投资资金，在相同风险水平下，其所能获得的收益水平会有所提高，有助于促进创投机构对初创企业的投资。

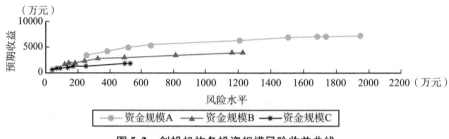

图5.2 创投机构各投资规模风险收益曲线

5.3.2.2 免征6%增值税对创业投资决策的影响分析

根据"免征6%增值税"情景设置，对相应情景下不同资金规模各投资项目的单位期望收益和偏差进行了调整和计算，将调整后的数据代入相应的MOTAD模型，得到"免征6%的增值税"情景下创投机构投资的决策优化反应，详见表5.8至表5.10。MOTAD模型的模拟结果显示了资金规模A至资金规模C在"免征6%的增值税"情景下各投资方案的风险收益及投资的优化结构与规模。

表5.8 "免征6%增值税"情景下规模A投资项目优化结构与规模 单位：万元

行业（项目）	资金规模A								
	方案1	方案2	方案3	方案4	方案5	方案6	方案7	方案8	方案9
预期收益	8459	8060	6384	5985	5698	5397	5387	4628	3804
风险水平	2041	1718	645	537	483	405	403	268	135
IT服务业	0	0	0	0	0	0	0	0	0
传播与文化娱乐	7600	7600	0	0	0	0	0	0	0

续表

行业（项目）	资金规模 A								
	方案 1	方案 2	方案 3	方案 4	方案 5	方案 6	方案 7	方案 8	方案 9
新能源、高节能技术	0	0	0	0	0	0	0	0	0
医药保健	0	7600	7600	7600	7600	7600	7600	7600	7600
通信设备	0	0	7600	7600	7600	7600	7600	7600	7600
农林牧副渔	0	0	0	0	0	0	0	0	0
环保工程	0	0	0	0	0	0	0	0	0
传统制造业	7600	7600	7600	0	7600	0	0	0	0
网络产业	0	0	0	0	0	0	1900	7600	5700
新材料工业	0	0	0	0	0	5530	5700	3800	1900
生物科技	0	0	0	7600	0	7600	7600	7600	7600
消费产品和服务	7600	0	0	0	0	0	0	0	0
采掘业	0	0	0	0	0	0	0	0	0
软件产业	0	0	0	0	0	0	0	0	0
金融服务业	7600	7600	7600	7600	7600	7600	7600	3800	0
科技服务	0	0	0	0	0	0	0	0	0
计算机硬件产业	0	0	0	0	0	0	0	0	7600
光电和光电机一体化	0	0	0	0	7600	2070	0	0	0
其他行业	7600	7600	7600	7600	0	0	0	3960	0

资料来源：作者调查与计算。

表 5.9 **"免征 6% 增值税"** 情景下规模 B 投资项目优化结构与规模　单位：万元

行业（项目）	资金规模 B								
	方案 1	方案 2	方案 3	方案 4	方案 5	方案 6	方案 7	方案 8	方案 9
预期收益	4883	4673	4620	3675	3518	3255	2602	2048	1588
风险水平	1272	1095	1060	424	353	283	157	59	32
IT 服务业	0	0	0	0		0	0	0	0
传播与文化娱乐	5000	5000	5000				0	0	0

续表

行业（项目）	资金规模 B								
	方案1	方案2	方案3	方案4	方案5	方案6	方案7	方案8	方案9
新能源、高节能技术	0	0	0	0	0	0	0	0	0
医药保健	0	0	5000	5000	5000	5000	5000	5000	5000
通信设备	0	0	0	0	5000	5000	5000	5000	5000
农林牧副渔	0	0	0	0	0	0	0	0	0
环保工程	0	0	0	0	0	0	0	0	0
传统制造业	0	5000	0	5000	0	0	0	0	0
网络产业	0	0	0	0	0	0	0	4160	0
新材料工业	0	0	0	0	0	0	2220	840	5000
生物科技	0	0	0	0	0	5000	5000	5000	5000
消费产品和服务	5000	0	0	0	0	0	0	0	0
采掘业	0	0	0	0	0	0	0	0	0
软件产业	0	0	0	0	0	0	0	0	5000
金融服务业	5000	5000	5000	5000	5000	5000	2780	0	0
科技服务	0	0	0	0	0	0	0	0	0
计算机硬件产业	0	0	0	0	0	0	0	0	0
光电和光电机一体化	0	0	0	0	0	0	0	0	0
其他行业	5000	5000	5000	5000	5000	0	0	0	0

资料来源：作者调查与计算。

表 5.10　"免征 6% 增值税"情景下规模 C 投资项目优化结构与规模　单位：万元

行业（项目）	资金规模 C								
	方案1	方案2	方案3	方案4	方案5	方案6	方案7	方案8	方案9
预期收益	2125	2058	1999	1697	1546	1520	1470	1428	1025
风险水平	588	531	487	283	181	170	147	136	56
IT 服务业	0	0	0	0	0	0	0	0	0
传播与文化娱乐	2400	2400	2400	800	0	0	0	0	0

续表

行业（项目）	资金规模 C								
	方案 1	方案 2	方案 3	方案 4	方案 5	方案 6	方案 7	方案 8	方案 9
新能源、高节能技术	0	0	0	0	0	0	0	0	0
医药保健	0	0	2400	2400	2400	2400	2400	2400	2400
通信设备	0	0	0	0	0	820	2400	2400	2400
农林牧副渔	0	0	0	0	0	0	0	0	0
环保工程	0	0	0	0	0	0	0	0	0
传统制造业	0	0	0	0	2400	0	0	0	0
网络产业	0	0	0	0	0	0	0	0	0
新材料工业	0	0	0	0	0	0	0	0	0
生物科技	0	0	0	0	0	0	0	800	2400
消费产品和服务	2400	800	0	0	0	0	0	0	0
采掘业	0	0	0	0	0	0	0	0	0
软件产业	0	0	0	0	0	0	0	0	0
金融服务业	2400	2400	2400	2400	2400	2380	2400	2400	800
科技服务	0	0	0	0	0	0	0	0	0
计算机硬件产业	0	0	0	0	0	0	0	0	0
光电和光电机一体化	0	0	0	0	0	0	0	0	0
其他行业	800	2400	800	2400	800	2400	800	0	0

资料来源：作者调查与计算。

通过 MOTAD 模型的计算结果，发现相同资金规模下"免征6%增值税"前后，各投资方案的投资结构及投资金额都存在差异，这说明"免征6%增值税"前后创投机构的决策行为存在差异。

本书主要关注"免征6%增值税前后"各投资方案风险水平和预期收益的变化情况。根据实证 MOTAD 模型计算的结果，可以得到资金规模 A 至资金规模 C 创投机构投资项目"免征6%增值税"前后的风险收益曲线，如图5.3 至图5.5 所示。

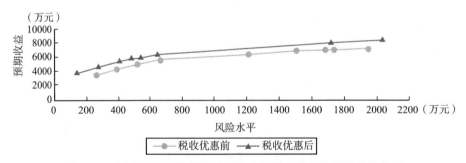

图 5.3 "免征 6% 增值税"前后资金规模 A 的投资风险收益曲线

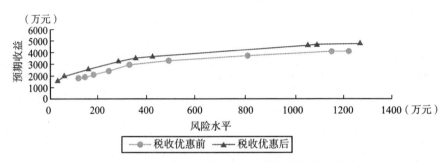

图 5.4 "免征 6% 增值税"前后资金规模 B 的投资风险收益曲线

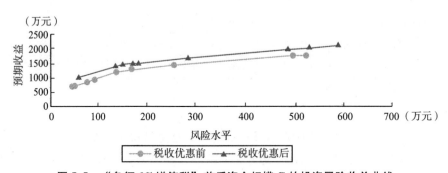

图 5.5 "免征 6% 增值税"前后资金规模 C 的投资风险收益曲线

从图 5.3 至图 5.5 可以看出：第一，同等风险水平下投资项目"免征 6% 增值税"后的预期收益要大于"免征 6% 增值税"前的预期收益。第二，规模 A 投资项目的最高预期收益从"免征 6% 增值税"前的 7102 万元上升到"免征 6% 增值税"后的 8459 万元，上升幅度达 19%；同样，规模 B 投资项目的最高预期收益从"免征 6% 增值税"前的 4113 万元上升到"免征 6% 增值税"后的 4883 万元，上升幅度达 18.7%；规模 C 投资项目的最高预期收益从"免征 6% 增值税"前的 1784 万元上升到"免征 6% 增值税"后的 2125 万元，上升幅度达 19%。第三，"免征 6% 增值税"后投资项目的风险水平和预期收益的范围都比"免征 6% 增值税"前有所扩大。

（4）从上述"免征 6% 增值税"政策实施模拟结果可知，同等风险水平下，"免征 6% 增值税"后预期收益比免征前增加了 19%，实施"免征 6% 增值税"政策能够在相同的风险水平下，大幅提升创投机构的预期收益，激励创投机构更愿意将资本投向初创企业。

5.3.2.3 资金规模、免征 6% 增值税双因素协同对创业投资决策的影响分析

通过 MOTAD 模型的计算，可得"免征 6% 增值税"情景下不同资金规模创投机构投资项目的风险收益情况，如图 5.6 所示。在资金规模、免征 6% 增值税双因素共同作用下，创投机构既获得了免征 6% 增值税带来的预期收益的提升，同时，又得到了资金规模增加带来的预期收益的提高（例如，资金规模 C，投资项目的最高预期收益从"免征 6% 增值税"前的 1784 万元上升到"免征 6% 增值税"后的 2125 万元，上升幅度达 19%；同时，免税后从资金规模 C 上升到资金规模 A，同等风险水平下预期收益又有一个较大幅度的提升），双因素协同对创投机构决策行为的影响强度有所增加，将极大地调动创投机构投资初创企业的积极性。

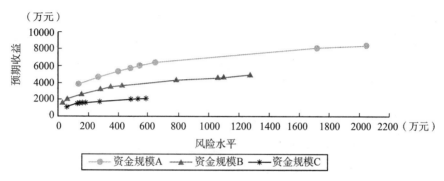

图 5.6 "免征 6% 增值税"情景下不同资金规模的投资风险收益曲线

5.3.2.4 "发行债券"情景模拟结果

(1)"发行债券"前后模拟结果比较。根据以上"发行债券"情景设置，对相应情景下浙江省的三个创投机构（基金公司）各创业投资项目的单位期望收益和偏差进行了调整和计算，将调整后的数据代入相应的实证MOTAD模型，就可以得到"发行债券情景"下各创投机构（基金公司）投资的决策优化反应。需要说明的是，如果灵敏度分析的结果显示λ值小于年化收益的8%时，就停止计算。

根据实证MOTAD模型模拟分析的结果，可以得到3种基金发债前后投资风险收益比较曲线。如图5.7至图5.9所示。

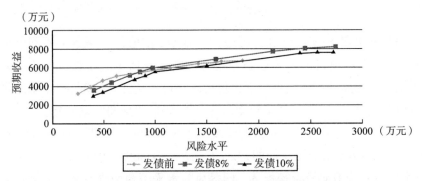

图5.7 资金"规模A"发债前后投资风险收益比较曲线

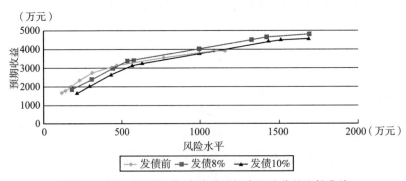

图5.8 资金"规模B"发债前后投资风险收益比较曲线

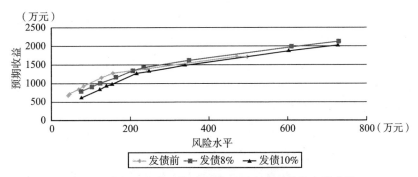

图 5.9　资金"规模 C"发债前后投资风险收益比较曲线

由图 5.7 至图 5.9 可知：

第一，具体来说，3 种规模基金以 8% 或 10% 的利率发债后，不管是收益水平还是风险水平相比发债前都有了一定程度上的增加。整体上来说，3 种规模基金在发债情景下的预期收益比不发债情景下的预期收益要高，但风险水平也相应提高。

第二，对发债利率为 8% 情景和 10% 情景进行比较可知，在相同的风险水平下，发债利率为 8% 比发债利率为 10% 可以获得更多的预期收益，即发债利率越低，预期收益越大。但如果发债利率过低（小于 8%），购债者的预期收益会受到影响，从而会影响债券的需求量。

第三，发债利率若大于 10%，在相同风险水平下，3 种基金的预期收益均将低于不发债情景下的预期收益。结合前两点，建议发债利率控制在 8% ~ 10% 区间内为宜。

（2）发债后各基金间的比较。

第一，8% 利率点。通过以上分析可得 3 种规模基金公司以 8% 利率发债的优化规模的模拟结果，通过进行各基金之间的比较，可以发现：

首先，从资金规模 C 基金到资金规模 A 基金，随着基金规模的扩大，相应地风险水平和预期收益也扩大：基金 C 的风险水平在 78 万 ~ 750 万元区间内，基金 B 在 180 万 ~ 1200 万元区间内，资金规模 A 在 400 万 ~ 2800 万元区间内；相应地，资金规模 C 的预期收益在 750 万 ~ 2100 万元区间内，资金规模 B 在 1800 万 ~ 4800 万元区间内，资金规模 A 在 3600 万 ~ 8200 万元区间内。由此可见，不同规模基金的风险和收益范围不同，基金规模越大，其收益水平越高，但承担的风险也越大；基金规模越小，相应的收益水平也就越低，但承担的风险越小。

其次，从资金规模 A 到资金规模 C，3 种规模基金的风险收益斜率呈现递减的趋势，这说明同等幅度风险水平的增加，资金规模 A 收益提高幅度要更大一些。这也说明了资金规模 A 由于总的投资规模比较大，可以实施相对于小规模基金更加丰富的多元化投资策略，使其面临的投资风险得到一定程度的弱化，获取相对较高的投资预期收益。

最后，图 5.7 至图 5.9 显示了 3 种规模基金在以 8% 利率发行债券情景下模拟计算的详细结果，反映了实施发行债券融资以后，3 种规模基金各自的风险水平与收益之间的互动关系。整体而言，与未采用 8% 利率发债政策的风险管理情景相比，在 8% 利率 "发债情景" 下，各创投基金的总预期收益水平有着不同程度的提高，但相应的风险水平也较之前有所提高。

第二，10% 利率点。10% 利率发债后通过对各基金之间的风险与收益的比较可以发现：

首先，不同规模的基金其风险范围和收益范围也不同。从资金规模 C 到资金规模 A，随着基金规模的扩大，相应地风险水平和预期收益也相应地在扩大：资金规模 A 的风险水平在 480 万 ~2750 万元区间，资金规模 B 在 300 万 ~1700 万元区间，基金 C 在 70 万 ~750 万元区间；基金 A 的预期收益在 3000 万 ~8000 万元区间，资金规模 B 在 2000 万 ~4600 万元区间，资金规模 C 在 600 万 ~2000 万元区间。可见，基金规模越大，相应的收益水平越高，但承担的风险也越大；基金规模越小，相应的收益水平越低，但承担的风险越小。

其次，从资金规模 A 到资金规模 C，3 种规模基金的风险收益斜率与 8% 发债利率时相类似，呈现递减的趋势，这说明同等风险水平的增加，资金规模 A 收益提高幅度要相对更大一些。同时，也说明了资金规模 A 由于总的投资规模比较大，可以实施相对于小规模基金更加丰富的多元化投资策略，使其面临的投资风险得到一定程度的弱化，以获取相对较高的投资预期收益。

综上所述，通过 MOTAD 模型的模拟结果可知：第一，3 种不同规模的基金分别以 8%、10% 的利率发债后，无论是预期收益还是风险水平都比发债前有了一定程度的增加；第二，相同风险水平下，发债利率为 8% 比 10% 可以获得更多的预期收益；第三，发债利率若大于 10%，在相同风险水平下，各基金的预期收益将低于不发债情景下的预期收益，建议发债利率在 8% ~ 10% 区间内为宜；第四，8%、10% 的利率发债后，不同规模的基金其风险范围和预期收益范围存在差异，基金规模越大，相应的预期收益越高，但承担的风险也越大。

5.4　基于 MOTAD 模型的模拟结论

本书采用 MOTAD 模型方法，模拟分析了风险条件下创业投资优化结构与规模，分析探讨了"资金规模""免征 6% 增值税""发行债券"三种模拟情景下创业投资决策行为，主要结论有以下几点：

（1）创投机构所拥有的资金规模对其投资项目结构、规模、收益与风险具有较大的影响效应。基于三个不同资金规模创投基金的 MOTAD 模型结果显示，资金规模、风险水平与预期收益三者之间存在动态的变化关系，不同资金规模各投资方案的投资结构及投资金额都存在差异。资金规模较大的创投基金具有较高的投资收益水平，同等收益情况下其面临的投资风险也越小。在一定范围的投资风险水平下，资金规模较大的创业投资基金，可以实施相对丰富的多元化投资策略，从而使其投资面临的风险得到一定程度的弱化，实现相对较高的投资预期收益。因此，增加创业投资的运作资金规模，有助于推动创投机构投资初创企业。

（2）"免征 6% 增值税"的税收政策对创业投资决策行为会产生较大影响。通过设计免征 6% 增值税政策情景，对 MOTAD 模型模拟分析，结果显示：免征 6% 增值税对投资项目结构、规模、预期收益与风险都有一定程度的影响，同等风险水平下免征 6% 增值税后的投资预期收益要明显大于免税前的预期收益，投资预期收益的上升幅度达 19%，税收减免有助于激励创投机构投资初创企业。此外，免征 6% 增值税可以使合伙制创投机构的税收达到与个人投资者一致的水平，实现税负公平，避免让投资者因避税而回归个人投资模式，更好地鼓励创投机构做大做强，进一步促进其投资初创企业。

（3）资金规模、免征 6% 增值税双因素协同对创业投资决策行为的影响强度大幅提升。MOTAD 模型模拟结果显示，资金规模扩大和税负减少，创投机构获得了免征6%增值税和资金规模扩大带来的双重预期收益的增加，双因素协同对创投机构决策行为的影响强度相比单因素有较大幅度的提升。

（4）"发债融资"政策对创业投资项目的收益与风险具有较大的影响效应。基金以8%或10%的利率发债后，三个不同投资规模基金不管是收益水平还是风险水平相比发债前都有了一定程度上的增加，这可能会刺激风险偏好型投资者加大投资力度。在相同的风险水平下，发债利率为8%比发债利率为10%获得更多的预期收益。但发债利率过低（小于8%），购买债券者的收益率会受到影响，进而会影响债券的需求量。发债利率过高（大于10%），在相同风险水平下，资金规模 A 的预期收益将低于不发债情景下的预期收益。因而，基于本章的模拟结果，建议发债利率在8%～10%区间内为宜。

5.5　不同资金结构投资的"抗风险性"和"杠杆效应"分析

5.5.1　基金规模与抗风险性

根据实证 MOTAD 模型模拟分析的结果可得出：不同规模的基金其预期收益与风险水平之间均存在一定差异性，基金资金规模越大，同等风险情况下其投资收益也越大；相应地，基金资金规模越小，收益水平越低。资金规模较大的基金，可以实施相对于小规模基金更加丰富的多元化投资策略，从而使其投资风险得到一定程度的分散与弱化，实现在较低风险下获得较高的投资收益。因此，基金规模越大其抗风险能力越强。

对于创投基金的构成可以有以下几种结构：第一种是纯 GP 资金模式，GP（general partner）指的是一般合伙人，是资本的管理者；纯 GP 模式是指一般合伙人全额出资并运营的资金结构模式。第二种是 GP + LP 模式，该模式是指由投资者（LP）出资，一般合伙人（GP）进行管理的资金结构模式，该基金的资金来源为 LP、GP 混合。第三种是"GP + LP + 债"模式，是指基金的资金来源为 LP、GP 加上发行债券获得的资金。第四种是"GP + LP + G"模式，是指基金的资金来源为 LP、GP 与政府引导基金（用 G 表示）。第五种为"GP + LP + 债 + G"模式，是指基金的资金来源为 LP 与 GP 以及发行债券和政府引导基金。显然，基金构成的来源越丰富（如"GP + LP + 债 + G"模式），基金规模也越可能做大，其抗风险能力也越强。

5.5.2 政府引导基金的杠杆效应

杠杆作用是物理学中的一个原理，同时也是经济学中视作衡量资金撬动情况的一种指标。一般来讲，"杠杆作用"有两类。一是指政府的政策杠杆，即杠杆率 A。杠杆率 A = 撬动的创业投资资金/政府的启动资金。二是指创投机构的杠杆，即杠杆率 B。杠杆率 B = 撬动的创业投资资金/GP 投入的资金。本书主要讨论政府引导基金的杠杆效应。

首先设定 GP、LP、发债量（用"债"表示）、政府的引导基金（用 G 表示）四个变量，来代表四类不同的资金，这四类资金可以构成四种不同的基金结构模式：

第一种是"纯 G"资金模式，也即政府全额出资进行创业投资项目的投资。

第二种是"G + GP"模式，即基金资金来源系政府引导基金（G）加上一般合伙人（GP）出资，GP（general partner）指的是一般合伙人，是基金投资资本的管理者。

第三种是"G + GP + LP"模式，是指基金的资金来源为 LP、GP 与政府引导基金，LP（limited partner）指的是有限合伙人，系资本投资者，不参与投资管理的活动。

第四种为"G + GP + LP + 债"模式，是指基金的资金来源为 LP 与 GP 以及发行债券和政府引导基金。

为了方便起见，本书假定 GP、LP、发债量（用"债"表示）、政府的引导基金（用 G 表示）四类资金的规模均为"1 个单位"，同时，设定政府引导基金的杠杆率 =（撬动的创业投资资金/引导基金投入的资金 G）×100%，那么，表 5.11 则列出了四种不同基金结构模式下政府引导基金杠杆率的数值。

表 5.11　　　　　四种不同基金结构模式下政府引导基金杠杆率　　　　单位：%

基金结构模式	纯 G	G + GP	G + GP + LP	G + GP + LP + 债
政府引导基金的杠杆率（A）	0	100	200	300

由表 5.11 可以看出，基金结构模式为纯 G 时，杠杆率为零，而随着基金的组成部分越来越多，其杠杆率变得越来越大。在基金结构模式为政府引导基金、GP、LP 和发债混合时，政府引导基金的杠杆率最高，达 300%。从中我们可以得到启示：如果政府的引导基金能够吸引更多的 GP、LP 资金，并且在政府引导基金支持下能够成功发债融得风险资本共同投向科技型中小企业，这时的政府引导基金的杠杆率是最高的，也即政府资金的利用率最高。因此，引导基金的政策设计应该以发行债券提升创投机构融资能力为导向，引导更多的社会闲散资金投向科技型中小企业。

此外，当政府引导基金的杠杆率 =（GP + LP + 债）/G 时。如果政府加大引导基金（担保基金）的投入，必然会带来 GP、LP 尤其是发债量的提升，那么其杠杆率显然也得到提升。因此，政府设立引导基金（担保基金）并且增加引导基金的数量是非常重要的。

另外，创投机构通过发债融资来扩大其基金规模，使其利用基金的规模优势，实施更加丰富的多元化投资策略，在一定的程度上弱化和分散投资的风险，取得较高的投资收益。

综上所述，发行债券无论对政府资金利用效率的提高还是创投机构基金规模的扩大，提升抗风险能力都有着积极的意义。因此，政府政策设计在引导基金方面应考虑如何发行债券支持创投机构投资科技型中小企业。

5.6　本章小结

针对第 2 章国内外相关研究综述中发现的目前大多数的学者主要聚焦于

对创业投资决策行为影响因素的定性研究并未考虑风险条件下影响因素对创业投资决策行为影响效应问题，本章尝试基于 MOTAD 模型模拟分析不同情境下创投机构的投资决策行为及其变化，揭示影响因素的变化对创投机构的投资决策行为的影响效应，以进一步揭示创业投资决策行为变化的内在机理，深化和丰富创业投资理论。

为充分考虑投资风险对投资决策的影响，首先，本章将基于预期效用理论的 MOTAD 模型应用于风险决策，以寻求风险最小化下的收益最大化的投资组合；通过采用绝对偏差法对创业投资风险水平进行量化，并对 MOTAD 模型中的一些参数进行分析确定。其次，以"不同资金规模""免征增值税""发行债券"分别设计 MOTAD 模型的模拟情景，探究创业投资管理的资金规模变化、免征 6% 增值税及发行债券对创业投资决策行为的影响效应，并提出 MOTAD 模型的模拟结论。最后，根据实证 MOTAD 模型模拟分析的结果，对不同资金结构投资的"抗风险性"和"杠杆效应"进行分析。

创业投资机构的资金是有限的，要让其能更多地投入科技型中小企业，政府需要在现有的税收和引导基金政策的基础上进行政策创新，例如，允许风险投资机构发行债券和获得银行贷款等，使得风险投机构的融资能力放大，并引导其更多地投向科技型中小企业。这样，才能有效地促进风险投资机构加大对科技型中小企业的投资。本章的研究发现：第一，创投机构所拥有的资金规模对其投资项目结构、规模、收益与风险具有较大的影响效应；第二，免征 6% 增值税的税收政策对创业投资决策行为会产生较大影响；第三，资金规模、免征 6% 增值税双因素协同对创业投资决策行为的影响强度大幅提升；第四，如果政府的引导基金能够吸引更多的 GP、LP 资金，并且在政府引导基金支持下能够成功发债融得风险资本共同投向初创企业，这时的政府引导基金的杠杆率是最高的，也即政府资金的利用率最高。因此，引导基金的政策设计应该以发行债券提升创投机构融资能力为导向，引导更多的社会闲散资金投向初创科技型企业。

| 第6章 |

促进创投机构投资初创企业的政策研究

6.1 鼓励创投机构投资初创企业的政策现状

创业风险资本（venture capital）是一种以私募方式募集资金，以公司、合伙企业等组织形式设立，投资于未上市的新兴中小型企业（尤其是初创高科技企业）的一种承担高风险、谋求高回报的资本形态。创投机构是为以高科技等为基础的新创公司提供风险资本，加快其发展的投资机构。政府政策是风险资本投向初创科技型企业外部环境中的一个重要因素，它会对创投决策产生影响。汉密尔顿（Hamilton，1989）、勒纳（Lerner，1999）、甄和威尔斯（Jeng & Wells，2000）、阿莫和卡明（Armour & Cumming，2006）的研究表明政府政策的变化是造成宏观经济变量周期变化的重要因素，从而影响投资者的决策；同样，政府的各种优惠政策是影响创业投资的重要因素，如政府引导基金、科技产业扶持政策等均会对风险资本投向初创科技型企业产生影响。

"制定政策、创造环境、加强监管、控制风险"是我国现阶段对创业投资业进行管理的基本原则，对我国今后创业投资体系的建设具有重大的指导意义。

6.1.1 我国创业投资相关政策及不足

6.1.1.1 鼓励创投机构投资初创企业的主要政策

国内近年来关于鼓励创投机构投资初创企业的政策主要有引导基金政策

和税收优惠政策等，详见表 6.1 至表 6.3。

表 6.1 引导基金政策

全国	文件名称	出台时间	出台组织及部门	主要精神
1	《科技型中小企业创业投资引导基金管理暂行办法》	2007 年	财政部、科技部	开展设立科技型中小企业创业风险投资引导基金，支持引导创业风险投资机构向初创期科技型中小企业投资
2	《关于创业投资引导基金规范设立与运作的指导意见》	2008 年	国家发改委、财政部、商务部	对规范设立创业风险投资引导基金提出要求发挥财政资金的杠杆放大效应，增加创业投资资本的供给，弥补一般创业投资企业资金的不足
3	《国务院关于进一步促进中小企业发展的若干意见》	2009 年	国务院	明确"鼓励有关部门和地方政府设立创业投资引导基金，引导社会资金设立主要支持中小企业的创业投资企业，积极发展股权投资基金"
4	《关于实施新兴产业创投计划、开展产业技术研究与开发资金参股设立创业投资基金试点工作的通知》	2009 年	国家发改委、财政部	扩大产业技术研发资金创业风险投资试点，推动利用国家产业技术研发资金，参股设立创业风险投资基金（即创业投资企业）试点工作
5	《科技型中小企业创业投资引导基金股权投资收入收缴暂行办法》	2010 年	财政部、科技部	明确了科技型中小企业创业投资引导基金收入的上缴办法及相关管理权责等事宜
6	《国家科技成果转化引导基金管理暂行办法》	2011 年	财政部、科技部	明确提出以政府创业风险投资引导基金模式运作支持科技成果转化的相关事宜
7	《新兴产业创投计划参股创业投资基金管理暂行办法》	2011 年	财政部、国家发改委	提出政府公共资金以直接投资或参股投资等方式支持战略性新兴产业发展的事宜
8	《国家科技成果转化引导基金设立创业投资子基金管理暂行办法》	2014 年	科技部、财政部	为符合条件的创投机构申请设立创业投资子基金各项内容作出了详细规定

续表

全国	文件名称	出台时间	出台组织及部门	主要精神
9	国家设立400亿元新兴产业创投引导基金	2015年	国务院	解决小微企业融资难问题，为小微企业发展创造条件
10	《关于印发国家科技成果转化引导基金贷款风险补偿管理暂行办法的通知》	2015年	科技部、财政部	规范国家科技成果转化引导基金贷款风险补偿工作
11	《关于取消豁免国有创业投资机构和国有创业投资引导基金国有股转持义务审批事项后有关管理工作的通知》	2015年	财政部	《国务院关于取消和调整一批行政审批项目等事项的决定》（国发〔2015〕11号）要求，对豁免创投机构和引导基金国有股转持义务事项不再进行审批。为加强后续监管，确保该政策顺利实施，并避免对国有股转持政策造成不利影响，从资质条件、办理程序、国有股回拨和监督管理有关事项作了详细规定
12	《关于财政资金注资政府投资基金支持产业发展的指导意见》	2015年	财政部	对创业投资引导基金支持战略性新兴产业等及中小企业提出指导意见
13	《关于做好国家新兴产业创业投资引导基金推荐工作的通知》	2016年	国家发改委办公厅、财政部办公厅	按照国务院批复的《国家新兴产业创业投资引导基金设立方案》有关要求，为加快推进国家新兴产业创业投资引导基金设立及运行工作，推荐一批国家新兴产业创业投资引导基金参股基金方案

资料来源：作者整理。

表 6.2　　　　　　　　　　　　　　税收政策

全国	文件名称	出台时间	出台组织及部门	主要精神
1	《中华人民共和国中小企业促进法》	2002年	第九届全国人民代表大会常务委员会第二十八次会议通过	提出通过税收政策鼓励各类依法设立的创投机构增加对中小企业的投资
2	《创业投资企业管理暂行办法》	2005年	国家发改委等十部委	国家运用税收优惠政策扶持创业投资企业发展并引导其增加对中小企业特别是中小高新技术企业的投资

续表

全国	文件名称	出台时间	出台组织及部门	主要精神
3	《关于促进创业投资企业发展有关税收政策的通知》	2007 年	财政部、国家税务总局	对投资支持中小高新技术企业的创业风险投资企业给予税收优惠
4	《中华人民共和国企业所得税法》	2008 年	第十届全国人大常委（发布单位）	该法中第三十一条规定，创业投资企业从事国家需要重点扶持鼓励的创业投资，可以按投资额的一定比例抵扣应纳税所得额
5	《关于实施创业投资企业所得税优惠问题的通知》	2009 年	国家税务总局	明确了创业投资企业采取股权投资方式投资于未上市的中小高新技术企业的税收优惠政策完善创业投资税收政策
6	《关于推广中关村国家自主创新示范区税收试点有关问题的通知》	2015 年	财政部、国家税务总局	将中关村关于股权奖励个人所得税政策、有限合伙制创业投资企业法人合伙人企业所得税政策等推广到国家自创区
7	《关于将国家自主创新示范区有关税收试点政策推广到全国范围实施的通知》	2015 年	财政部、国家税务总局	进一步推广国家自主创新示范区关于创业投资的优惠政策
8	《关于完善股权激励和技术入股有关所得税政策的通知》	2016 年	财政部、国家税务总局	调整股权激励和技术入股税收政策，从税率和纳税试点两方面进一步降低股权激励税收负担
9	《关于创业投资企业和天使投资个人有关税收试点政策的通知》	2017 年	财政部、国家税务总局	进一步支持创业投资发展，鼓励创业投资投资初创科技型企业
10	《关于创业投资企业和天使投资个人有关税收政策的通知》	2018 年	财政部、国家税务总局	进一步支持创业投资发展

资料来源：作者整理。

表 6.3   其他相关政策

全国	文件名称	出台时间	出台组织及部门	主要精神
1	《创业投资企业管理暂行办法》	2005 年	国家发改委、科技部、财政部、商务部、人民银行、税务总局、工商总局、中国银监会、中国证监会、国家外汇管理局	对创业投资企业实行备案管理，并对其经营范围、投资行为等进行了规定
2	《关于实施新兴产业创投计划、开展产业技术研究与开发资金参股设立创业投资基金试点工作的通知》	2009 年	国家发改委、财政部	扩大产业技术研发资金创业投资试点，推动利用国家产业技术研发资金，参股设立创业风险投资基金（即创业投资企业）试点工作
3	《关于促进科技和金融结合加快实施自主创新战略的若干意见》	2011 年	科技部、财政部、中国人民银行、国务院国资委、国家税务总局、中国银监会、中国证监会、中国保监会	八部委联合文件指导全国开展科技和金融结合工作，对于各级政府开展创业投资提出了指导建议
4	《非上市公众公司监督管理办法》	2012 年	中国证监会	将非上市公众公司纳入合法监管，有利于中小企业融资，对促进创业投资投资中小企业有积极意义
5	《全国中小企业股份转让系统有限责任公司管理暂行办法》	2013 年	中国证监会	进一步完善多层次资本市场建设，有利于创投机构股权退出
6	《资产管理机构开展公募证券投资基金管理业务暂行办法》	2013 年	中国证监会	明确了符合条件的创投管理机构可以开展公募证券投资业务
7	《关于进一步推进新股发行体制改革的意见》	2013 年	中国证监会	推进股票发行从核准制向注册制过渡
8	《非上市公司公众监督管理办法》及 7 项配套规则	2013 年	中国证监会	标志着新三板正式推广至全国，符合条件的公司均可通过主办券商推荐至新三板，不再受地域限制。
9	《创业板上市公司证券发行管理暂行办法（征求意见稿）》	2014 年	中国证监会	降低创业板准入"门槛"，优化再融资制度

续表

全国	文件名称	出台时间	出台组织及部门	主要精神
10	《关于进一步促进资本市场健康发展的若干意见》	2014 年	国务院	加快推进多层次股票市场
11	《中小企业发展专项资金管理办法》	2014 年	财政部、工业和信息化部、科技部、商务部	进一步完善科技型中小企业创业投资引导基金管理模式和支持方式
12	《私募投资基金监督管理暂行办法》	2014 年	中国证监会	将创投等以私募性质募集资金的投资基金纳入备案监管
13	《关于发展众创空间，推进大众创新创业的指导意见》	2015 年	国务院	为"大众创业万众创新"创造全方位的政策支持
14	《场外证券业务备案管理办法》	2015 年	中国证监会	对私募股权众筹业务实施备案管理，为私募基金融资提供便利条件
15	《股转系统挂牌公司分层方案》	2015 年	全国股转系统	通过分层管理，进一步优化新三板结构；提出新三板向创业板转板
16	《国家创新驱动发展战略纲要》	2016 年	中共中央、国务院	对实施创新驱动发展战略、推进新时期创新工作做出顶层设计和系统谋划。鼓励拓展多层次资本市场支持创新功能，积极发展天使投资，壮大创业投资规模
17	《关于促进创业投资持续健康发展的若干意见》	2016 年	国务院	对创业投资的投资主体、资金来源、政策扶持、法律法规、退出机制、市场环境、双向开放及行业自律与服务等提出指导性意见

资料来源：作者整理。

　　政府引导基金是由各级政府通过预算安排，以单独出资或与社会资本共同出资设立，采用股权投资等市场化方式，引导社会各类资本投资经济社会发展的重点领域和薄弱环节，支持相关产业和领域发展的资金（刘华伟，2018）。

　　近年来，国家层面聚焦创新驱动发展，发力供给侧结构性改革，通过发展引导基金，优化资金配置方式方向。在一系列利好政策的直接推动下，引导基金迎来爆发式增长。通过带动社会资本流向创业投资领域，引导基金支持了一大批创业投资机构和优质创业创新项目。

据中国科学技术发展战略研究院的调查显示，截至 2016 年底，全国创业投资引导基金共 448 只，累计出资 518.65 亿元，通过阶段参股、风险补助、投资保障等方式引导带动创业投资机构管理资金规模合计 2393.38 亿元。其中，2016 年当年新增创业投资引导基金 53 家。2015 年设立的三只国家大型引导基金持续发力：第一，国家科技成果转化引导基金，聚焦于国家科技重大专项成果转化、落实京津冀协同发展战略、培育战略性新兴产业等方面；截至 2016 年底，引导基金出资设立了 9 只创业投资子基金，总规模 173.5 亿元，引导放大比例 1∶4.5。第二，国家新兴产业创业投资引导基金，侧重于提升新兴产业整体发展水平和核心竞争力，主要作用于产业发展阶段，不涉及研发环节。拟发起总规模 400 亿元，目前，已委托 3 家单位作为引导基金的管理机构。第三，国家中小企业发展基金：基金总规模达 600 亿元，中央财政出资 150 亿元。目前，国家中小企业发展基金共设立了 4 只直投基金，中央财政出资 49 亿元，总规模达 195 亿元。地方层面，例如，浙江天使投资引导基金、西安科技创业种子投资基金、陕西省科技成果转化引导基金、黑龙江省政府创业投资引导基金等相继成立（胡志坚、张晓原和张志宏，2017）。总的来说，引导基金是由政府设立并按市场化方式运作的政策性基金，主要通过参股扶持创业投资企业的发展，引导社会资本进入创业投资领域。

税收政策作为宏观调控的重要经济手段之一，对创投机构行为决策有着十分重要的影响。适当的税收优惠可以发挥其正面激励效应，促进创业投资项目数与投资金额的双增长。政府通过税收政策鼓励各类依法设立的创投机构增加对初创科技型企业的投资。

2007 年 2 月，财政部、国家税务总局出台《关于促进创业投资企业发展有关税收政策的通知》，明确对创业投资机构实行税收优惠政策。2009 年 4 月，《国家税务总局关于实施创业投资企业所得税优惠问题的通知》就创业投资企业所得税优惠的有关问题做了具体规定。2015 年 10 月，《财政部国家税务总局关于将国家自主创新示范区有关税收试点政策推广到全国范围实施的通知》对有限合伙制创业投资企业法人合伙人企业所得税优惠政策进行了具体说明。2016 年 9 月，财政部、国家税务总局联合发布《关于完善股权激励和技术入股有关所得税政策的通知》指出："对符合条件的非上市公司股票期权、股权期权、限制性股票和股权奖励实行递延纳税政策，员工在取得股权激励时可暂不纳税，递延至转让该股权时纳税，税率降低为 20%；对上市公司股票期权、限制性股票和股权奖励延长纳税期限，个人可自股票期权行权、限制性股票解禁或取得股权奖励之日起，在不超过 12 个月的期限内缴纳个人所得税；对技术成果投资入股实施选择性税收优惠政策"。我国的这些税收政策的出台对于弥补我国市场缺陷、推动创业投资产业的发展，具有重要的现实意义。

6.1.1.2　创业投资引导基金发展中存在的主要问题

我国从 2002 年初第一家引导基金成立以来，引导基金出现快速发展的态势，尤其在 2008 年以来，不论从引导基金的规模还是从业人员的数量上，均出现迅猛的发展，推动经济社会发展取得明显成效。但是调研发现，我国引导基金在资金规模、投资限制等方面还存在一些问题。

（1）引导基金规模偏小，来源单一，引导效果不够明显。在资金规模方面，不同引导基金的规模具有较大差异，运作成熟的引导基金资金规模较大，但成熟的引导基金数量不多。如被调研的 19 家省级引导基金中，从规模上来看，规模在 10 亿元以上的引导基金占比仅为 21.05%，而规模在 5 亿元以下的占比为 42.11%。总体来看，目前我国引导基金的整体规模普遍偏小，来源单一，还不能满足国内创业投资行业发展的需求，对促进创业投资行业发展的作用有限。

（2）基金设立有审批环节多、审批时间长，延缓了基金落地进程。受主管部门重视程度、统筹指导力度、基金自身放大倍数要求等多因素影响，当前新设基金仍存在审批多、耗时长、募集资金困难的问题。

（3）引导基金投资限制较多，削减引导基金的引导作用。从各地区引导基金的管理办法可以发现，多数引导基金在成立时所设立的相对应的管理办法中都对引导基金的支持对象有一定的要求。一般来说，办法都要求引导基金将投入方向着重放在本地内符合该地区相关政策的科技型和创新型的中小企业。对于相对成熟的引导基金来说，支持对象更是有着较为详细的规定，一般要求创业初始期的企业在本地区注册成立，成立期限在一定年限（一般为5年）以内的非上市型企业，并从企业的职工数、职工学历构成、销售额、净资产、投资中小企业的成功案例数、年均最低收益率以及年均研发费用占销售额总体的比例等方面进行了详细的规定，以确保引导基金能够有效地发挥对特定领域和企业的引导和支持作用。

部分来源于地方政府财政金的引导基金，被政府赋予了过多的政策性目标，例如在合作基金方面，设立注册和投资的地域限制，在投资比例方面，承诺最高的投资比例仅在20%~30%等。这既不利于促进更多的创投机构与引导基金之间的合作，也不利于创投机构自身的发展。从实际调研情况看，在投资本地资金比例和投资领域限制上来看，相对运作成熟的引导基金而言，运作不成熟的引导基金大部分都是投资领域和阶段更为严格且投资本地资金比例要求较高，这导致引导基金资金寻求合适的投资对象相对更为困难，从而可能削减引导基金实际的引导作用。从长时间来看，政府资金的引导作用使用效果将有可能受到严重影响。

6.1.1.3 创业投资税收政策中存在的问题

近年来，国家相继出台了一系列扶持政策，来为创业投资提供了基础的政策支持与保障。在这些扶持政策中，税收政策对创业投资行业的发展有着举足轻重的影响，合理的税收优惠政策能够改善投资主体的预期，提高其从事投资活动的积极性，促进创业创新，增进社会效益（刘仁和和余志威，2010）。

2016年，1214位创业投资业内人士回答了最希望政府出台的激励政策。调查表明，中国创投机构最希望出台的政府激励政策仍然是税收优惠政策，占比为43%，且与往年相比，对税收政策的诉求仍在持续提升。我国的这些税收政策的出台对于弥补我国市场缺陷、推动创业投资产业的发展，具有重要的现实意义，但在这些政策的实施过程中仍然存在一些问题，需要进一步改进。

（1）2016年9月国务院关于《促进创业投资持续健康发展的若干意见》为鼓励创投业的发展提供了原则性的指导意见，但要见到细则可能仍需要比较长的时间，短期内仍然无法见到有关创投鼓励政策的具体可操作实施办法。

（2）目前的创投税收文件没有将投资期限和投资抵扣联系在一起，这样就难以调动创投机构对科技型中小企业进行长期投资的积极性。

（3）目前的创投税收文件规定的优惠无法为有限合伙制企业带来切实的利益。根据《合伙企业法》的内容，合伙企业不作为纳税主体，而是在合伙人环节进行缴税。这一政策中税收抵扣做法对以有限合伙形式的创投机构来说并没有实质性的优惠。这凸显出了政策不合理之处。

6.1.2 浙江省创业投资相关政策及不足

为鼓励自主创新，充分发挥财政资金的引导作用，引导社会资金流入创业投资领域，更好地支持科技型中小企业发展，2009 年 3 月 1 日，浙江省政府设立了浙江省创业风险投资引导基金。该基金以"政府引导、市场运作，科学决策、严格管理"为投资运作原则，重点引导创投机构投向符合浙江省高新技术产业发展规划的领域，以及风险与成长性并存的创业高科技企业，全面推进浙江省的经济结构调整和产业升级。同时，杭州、绍兴、衢州、嘉兴、温州、宁波等地区都先后出台了创业投资引导基金政策（详见表 6.4），以及创业投资其他相关政策（详见表 6.5）。

表 6.4　　　　　　　　　浙江省各地区创业投资引导基金政策

序号	文件名称	出台组织及部门	出台时间
1	宁波市人民政府关于促进宁波创业投资发展的意见	宁波市人民政府	2007 年
2	杭州市人民政府办公厅转发市财政局等六部门关于杭州创业投资引导基金管理办法（试行）通知	杭州市人民政府	2008 年
3	绍兴市人民政府办公室关于印发绍兴市创业投资引导基金管理暂行办法的通知	绍兴市人民政府办公室	2008 年
4	浙江创业风险投资引导基金管理办法	浙江省人民政府	2009 年
5	衢州市人民政府关于印发《衢州市创业投资引导基金管理暂行办法》的通知	衢州市人民政府	2009 年
6	嘉兴市人民政府办公室关于印发《嘉兴市创业投资引导基金管理暂行办法》的通知	嘉兴市人民政府办公室	2009 年

续表

序号	文件名称	出台组织及部门	出台时间
7	绍兴市人民政府办公室关于进一步完善绍兴市创业投资引导基金管理暂行办法的通知	绍兴市人民政府办公室	2009 年
8	浙江省创业风险投资引导基金管理办法	浙江省人民政府办公厅	2009 年
9	杭州市创业投资引导基金管理办法	杭州市财政局　杭州市发改委　杭州市科技局　杭州市经委　杭州市国资委　杭州市金融办	2010 年
10	宁波市创业投资引导基金管理办法（试行）	浙江省宁波市人民政府办公厅	2011 年
11	温州市创业投资引导基金管理办法（试行）	温州市人民政府	2012 年
12	《宁波市天使投资引导基金投资管理实施细则》	宁波市科技局	2013 年
13	温州市科技创新创业投资基金管理办法（试行）	温州市人民政府办公室	2016 年

资料来源：作者整理。

表 6.5　　　　　浙江省各地区创业投资其他相关政策

序号	文件名称	出台组织及部门	出台时间
1	温州市人民政府关于鼓励和引导民间投资健康发展的实施意见	温州市人民政府	2010 年
2	中共温州市委、温州市人民政府关于进一步加快温州地方金融业创新发展的意见	温州市委、温州市人民政府	2011 年
3	浙江省人民政府办公厅关于促进小型微型企业再创新优势的若干意见	浙江省人民政府办公厅	2012 年
4	浙江省贯彻落实国务院鼓励和引导民间投资42项实施细则重点工作分工方案	浙江省人民政府办公厅	2013 年
5	绍兴市鼓励和引导民间投资重点工作分工方案	绍兴市人民政府办公室	2013 年
6	《关于推动"温商回归"促进实体经济发展若干财税配套政策的实施意见》	温州市政府	2014 年

序号	文件名称	出台组织及部门	出台时间
7	温州市人民政府办公室关于发展众创空间推进大众创新创业的实施意见	温州市人民政府办公室	2015 年
8	温州市人民政府关于支持大众创业促进就业的实施意见	温州市人民政府	2015 年

资料来源：作者整理。

浙江省政府引导基金设立后，根据基金管理办法，积极开展对外合作；但同时也存在一些问题：目前浙江省引导基金主要通过分配（分散）到地县，再由地县引导创投机构投资的方式。由此可能会带来要求创投机构投资到当地企业的比重较高，出现了一种"择地不择优"的现象，使得大部分创投机构不想申请这类引导基金，这样引导基金就没有较好地起到引导作用。

除了上述引导基金等政策外，浙江创投税收政策中也存在一些问题，主要有：

（1）按照现有税制安排，创投类合伙制企业合伙人所得税负担明显偏重。创投类合伙制企业是 2010 年才开始出现的新生事物，沿用老的小型个体合伙企业税制明显是不合理的。现有税制没有区分创投合伙制企业与其他合伙制企业的差别，严重限制了创投类合伙企业在浙江省的发展。

按照合伙企业的税法，合伙人要缴纳 5% ~ 35% 的所得税，这一规则是在创投合伙企业未出现的情况下制定的，一些地方将这一早期针对个体工商户等小型一般合伙企业的纳税标准简单地作为创投型合伙企业的纳税依据。由于创投类合伙企业资金量较大，按这一依据，实际纳税水平即为 35%，远远高出了个人投资者 20% 的纳税标准。据了解，北京市、广东省等地已明确将这一纳税税率确定为 20%，浙江省部分地区也开始羞羞答答的按 20% 征收，但由于没有给投资者一个定心丸，导致很多合伙制投资基金迁移至外省或在省外新设，或者直接以个人名义投资，反而成为一种普遍现象，造成浙江省税源流失。显然，老的合伙企业税法已不适合新的创投合伙企业，需要改进。浙江省有必要向北京市、广东省等地学习，明确创投合伙企业的个人合伙人纳税标准为 20%。

（2）创投机构的投资在上市退出时要缴纳 6% 的增值税不合理。合伙制创投基金与有限公司制基金在上市退出时，均被要求缴纳 6% 的增值税，而这一要求对于个人直接投资是没有的。

（3）按投资项目分别核定税收，使合伙类创投基金无法通过分散投资规避风险。创投行业的特点是高风险、高收益，也意味着有些项目可能取得高收益，而有些项目可能亏本，甚至"血本无归"。浙江省现行纳税要求合伙企业投资基金按投资项目分别核定税收，造成赚的项目全额纳税，而亏损的项目无法在税前列支，使投资基金无法实现通过分散投资规避风险的目的。

（4）合伙类创投基金中的法人合伙人，被实行先税后分政策，使基金管理公司产生的相关成本无法在税前列支。合伙企业的先分后税政策，在具体实施时，法人合伙人也被强制代缴所得税，变成了事实上的先税后分。这对于基金管理公司是一个很大的打击。由于基金运行费用一般在管理公司列支，如果全部税后分配回来，将使运行成本无法税前抵扣，使管理公司设立基金拓展创投资金的行为处于两难的境地。

目前创业风险投资在我省经济发展和产业结构调整中发挥着越来越大的作用，如何鼓励和促进创投机构更多地投资科技型中小企业，对于浙江经济的发展有着重要意义。通过对浙江省 102 家创投机构（包括基金公司）的调研访谈，了解到由于通过 IPO 退出不畅，创投失败的案例增加，宏观经济持续疲软，股权的流动比较差等原因，近期我省创投机构募集资金仍然非常困难，创投机构"募资难"现象十分突出。现有的政府引导基金整体规模普遍偏小，还不能满足省内创业投资行业发展的需求，引导基金和税收政策尚不能很好解决创投机构"募资难"问题。以上这些问题和困难如果长期得不到解决，将会阻碍创投机构的发展，不利于风险资本更多更好地投向科技型中小企业。

此外，从浙江省创业投资行业协会 2015 年调查统计的 280 家样本中显示我省创投机构最希望政府进一步出台的激励政策排在前几位的依然是："完善创投税收优惠政策"和"设立政策性引导基金"。可见，在税收减免和设立政策性引导基金方面政策仍有较大的创新空间。

我国在创业投资税收优惠政策方面存在一些局限，地方政府有必要制定配套措施予以补充完善。因此，本书提出浙江省仍需从提升创投机构的融资能力以加大其对初创科技型企业的投资力度这一方面切入，以"政策性引导基金"和"税收改革"为突破口进行政策创新。

6.1.3 我国创业投资机构的政策需求

根据《中国创业风险投资发展报告（2017）》官方的统计数据资料，近年来中国创业投资机构最希望出台的政府激励政策，主要有：

（1）完善创投税收优惠政策。统计数据显示，2016 年中国创业投资机构最希望出台的政府激励政策是税收优惠类，占比为 43%。与往年相比，创业投资企业的税收政策诉求仍在持续提升。

（2）加快注册制改革，建立转板机制。2016 年希望政府继续推动资本市场注册制改革，加快建立场内外市场之间的转板机制的创业投资机构占比为14.8%。

（3）设立政策性基金。2016 年 13.1% 的创业投资企业希望设立政策性基金，并通过市场化的运作方式支持创业投资发展。

（4）理顺国有创投管理体制。2016 年 10.4% 的创业投资机构认为应当健全符合创业投资行业特点和发展规律的国有创业投资管理体制，激发国有创投活力，提高国有创投运行效率。

（5）完善和落实相关法律。根据调查统计，2016 年 6% 的创业投资机构希望政府能够完善和落实创业投资的相关法律，营造规范的制度环境。

（6）发展众创空间等新型孵化器。2016 年 6% 的创业投资机构希望政府加大众创空间等新型孵化器的扶持力度，进一步加快推进大众创新创业。

6.2 国外发达国家相关政策借鉴

6.2.1 政府引导基金的国外借鉴

6.2.1.1 以色列 YOZMA 计划

以色列是世界上创业风险投资最发达的国家之一。由于以色列本国资本市场欠发达，中小型科技企业无法从商业银行得到融资支持，20 世纪 80 年代晚期，全球化进程开始兴起，为了更好地适应经济形势，促进高新技术产业迅速发展，以色列政府为加强对初创科技企业（项目）的支持，将财政支出进入创业投资服务领域作为以色列财政部门的一项重要的着眼点。在这样的背景下，1993 年以色列政府出资 1 亿美元启动了 YOZMA 计划。其中 8000 万美元主要用于与国际知名的金融机构（大部分是创业投资公司）合作并发起成立子基金，在该基金中，以色列政府的资金占 40%，私人资本占 60%，这样政府的 1 亿美元资金就可以撬动 1.5 亿美元的私人资本。另外的 2000 万美元由国有独资的 YOZMA 基金管理公司投向高新技术创业企业。YOZMA 计划的目的是通过引导民间资金设立更多的商业性创业风险投资基金，杠杆放大对创业企业的支持（曾胜等，2012）。目前 YOZMA 基金是世界公认最为成功的政府引导基金之一，为推进以色列初创科技型企业（项目）的发展作出了巨大贡献（邢斯达，2017）。

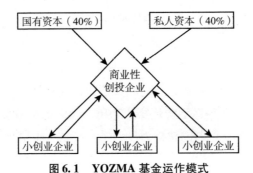

图 6.1　YOZMA 基金运作模式

资料来源：曾胜等（2012）。

6.2.1.2　英国的股权支持模式

英国的创业投资业在欧洲起步最早且最为发达，其风险资本总额占到欧洲总额的近一半，英国的创业风险资本占国民生产总值的比例仅次于美国。英国的引导基金采用多样化支持模式，以参股设立创业投资基金为主，辅以资金保证和管理成本或交易成本补贴等措施。

在实际操作中，英国政府主要采取了参股支持形式。该支持方式主要有：

一是政府担保，英国从 1981 年开始实施信贷担保计划，支持银行为小企业提供中长期贷款；二是直接拨款，即政府直接向创业投资企业和创业投资家提供无偿援助，以鼓励创业投资的发展；三是税收优惠，在 1983～1993 年，英国实施企业扩大计划，通过向英国未上市公司的投资人提供个人收入税减免优惠来刺激投资，每年可减免 4 万英镑收入税（靳景玉、曾胜和张理平，2012）。

6.2.1.3 欧盟的欧洲投资基金

欧洲投资基金（european investment fund，EIF），1992 年欧盟理事会为了有效促进经济复苏，首次公开提出建立 EIF 基金，1994 年 12 月，EIF 正式成立，其隶属于欧洲投资银行（EIB），实施公私合作伙伴关系模式（PPP），目的是为欧洲基础设施网络建设（TENS）以及欧盟科技型中小企业（SMEs）提供创业风险资本融资的专业引导基金。EIF 充分考虑中小企业融资市场的实际需求，设立多样化投资项目，如为了助力科技成果与市场应用的对接，投资设立科技成果转化基金，将其作为 EIF 的战略领域，为创投投资初创企业提供足够的政策支持（邢斯达，2017）。

6.2.1.4 澳大利亚的创新投资基金

20 世纪末期，澳大利亚中小型企业普遍出现融资渠道过窄、融资难的问题，导致许多技术型初创企业无法投入商业运营。造成融资困难、产生资金缺口的主要原因是由于对失败的可能性大以及回报有限的担忧，以及创新型投资企业早期情况存在信息不对称等。据统计，1997 年澳大利亚初创高科技公司的资金缺口是 50 万～200 万澳元，为了解决澳大利亚初创科技型企业所面临的融资"瓶颈"问题，1997 年 3 月，澳大利亚政府创立澳大利亚创新投资基金（innovation investment fund，IIF），由澳大利亚产业研究与开发委员会负责基金项目的管理。IIF 具有以下几个特点：其一，投资模式是建立混合基金。IIF 采用的是与私人部门共同设立混合基金，其中私人部门主要包括家庭或个人、银行、天使投资以及创业投资基金等市场主体。其二，IIF 对于投资企业限制严格。一般来说，IIF 只对初创企业进行投资，其主要目的是促进处于发展初期的科技型企业提供权益资本，促进技术创新研究成果的商业转化，缓解处于初创期科技型企业资金获得渠道过窄、筹资困难的问题。其三，资金投入比例严格限制，降低资金使用风险。IIF 规定了引导基金与社会私人资本投资的比例，要求其不得超过 2∶1，以股权形式投入高新技术型企业，对资金的杠杆要求和投入方向进行严格要求。IIF 特别注重国有资本的参与，着重发挥国有资本的杠杆作用，吸引社会资本进入创新投资行业，政府资金的介入有效降低市场投资者的风险预期，加大了投资意愿，对于调动社会资本具有十分重要的意义（邢斯达，2017）。

6.2.2　税收政策的国外借鉴

6.2.2.1　资本利得税制度

（1）在国际实践中，资本利得税制度起到了激励创业投资的作用。世界上许多国家都对个人（公司）出售或转让资本性资产（包括股票）所实现的增值收益课征资本利得税。第一，与普通所得相比，资产持有期在一年以上的长期资本利得税税负较轻。轻税方式主要包括：税基折计、低税率、简易办法征收等。创业投资的回收期至少需要 3~5 年，在这期间可以享受较轻的资本利得税。第二，资本损失允许抵扣资本利得，不足抵扣部分允许结转，以降低税负。政府与纳税人共享资本利得收益的同时也共担资本损失的投资风险，有利于激励投资。

（2）美国长期资本利得税税率变化对创业投资的影响。美国创业投资的组织形式以有限合伙为主，合伙人多为个人或非公司纳税人，其从合伙企业分得的源自股权转让的收益适用个人资本利得税政策。从美国创业投资额的增长趋势可看到，1980 年以来，较高的资本利得税税率对创业投资有较强抑制作用，例如，1986~1996 年，长期资本利得税税率处于相对高位，创投投资额年度增长率处于相对低位。

6.2.2.2　合伙企业税收政策

从美国创业投资发展现状看，包括创业投资在内的多数私募股权基金都采用有限合伙的组织方式，这与有利于其发展的合伙企业税收政策有直接关系。在美国，符合条件的合伙企业：第一，是非公司所得税的纳税主体，合伙企业的各类所得和费用都可以按照"流经原则"；第二，直接分配给合伙人，再由合伙人进行纳税核算和申报纳税，因此，股权转让所得可以独立出来适用更优惠的资本利得税税率。

6.2.2.3 特惠性税收政策

很多发达国家还针对创业投资制定了专门的税收优惠政策，主要特点如下：

（1）多种税收优惠方式同时使用。从优惠时点上看，一是在投资时对投资额给予税收抵免或税前抵扣，属前端优惠，有利于为投资期较长、风险较大的创业投资降低税负；二是在投资退出时对资本利得给予减免税或允许资本损失抵扣普通所得，属后端优惠，可提高创业投资收益，降低失败损失。

（2）多数税收优惠仅给予个人投资者。其优惠条件包括：第一，以投资行为为政策着力点，无论是直接投资还是通过创业投资基金间接投资，只要投资行为符合条件就可以享受优惠；第二，要求长期持股，如英国、以色列、意大利等要求最少三年，美国、法国等要求最少五年；第三，制定了享受优惠的上限。

6.2.2.4 英国企业投资计划

英国企业投资计划（EIS）在英国实施以来取得了不小的成功，对投资行为符合条件的投资者提供以下优惠政策：一是支持投资者投资于初创企业，并按投资额的30%抵减个人所得税；二是允许个人所得税递延，鼓励其增值部分再投资于初创企业；三是投资者免征资本利得税。随后英国又推出了种子企业投资计划（SEIS），SEIS是作为企业投资计划（EIS）的有益补充，主要帮助小型的、处于初创期的企业为弥补融资不足而推出的。对投资于符合标准的初创企业的投资者进行激励：按投资额的50%进行抵免个人所得税；如果所得收益继续再投资到SEIS，则免征资本利得税；其他优惠与企业投资计划（EIS）相同，此计划实施同样取得了成功。

6.2.2.5 其他国家税收优惠政策

其他许多创业投资行业发达的国家地区都存在与英国投资计划类似的优

惠政策。其中，法国允许投资者在一定额度内可减免一定比例的纳税额，如果投资的企业在八年内破产，全部投资可抵免纳税额；比利时，若投资者投资到政府认定的投资基金，则投资额的90%受到政府担保，同时还可获取8.75%的减税，减税存在最高限额；爱尔兰的优惠政策与英国企业投资计划（EIS）相似；卢森堡，投资者若投资到创业投资项目所获得的收入可以得到投资额30%的最高税收抵免；波兰，投资者若投入国家认定的"新科技"项目费用的50%可以享受税收优惠；葡萄牙，创业投资者投入到企业的资本可以获得政府引导基金的跟投；荷兰，创业的损失可以抵免利润的资本利得税。

6.2.3　信用担保政策的国外借鉴

由于创业投资的高风险特征，商业银行一般不愿意为其提供贷款。考虑到商业银行贷款安全性的需要，政府提出了信用担保政策，其核心内容是由政府提供信用担保，让商业银行向创投机构提供贷款或代为发行债券，为创投机构募资。如美国国会在1982年通过了《小企业股权投资激励法》，以政府信用为基础，小企业管理局对从事股权类的小企业投资公司提供发行长期债券的信用担保，并由小企业管理局代为支付长期债券自然产生的定期利息，当足够的资本增值在小企业投资公司实现后，小企业投资公司才一次性偿还债券本金，并支付小企业管理局10%左右的收益分成。

6.2.4　国外政策的启示

国外政策给我们的启示是：在政府引导基金方面，例如，以色列YOZMA计划以政府资金引导民间私人资本更多地进入创业投资领域，杠杆放大对创业企业的支持。根据1993年我国国务院颁布的《企业债券管理条例》的规定，企业发行企业债券所筹资金不得用于风险性投资；但随着我国经济发展和创业投资拓宽融资渠道的现实迫切需要，政府可以考虑借鉴以色列YOZMA计划，由政府和创投机构共同出资，建立担保基金，允许创投机构向社会发行债券，引导更多的社会闲散资金进入创业投资领域，使得创投机构的融资能力放大，并引导其更多地投向科技型中小企业。在税收政策优惠方面，例如，英国的"股权支持模式"中的税收优惠政策，该政策通过向未上市公司的投资人提供个人收入税减免优惠来刺激投资，鼓励创业投资的发展，英国的上述做法也是值得借鉴的。目前，我国对于个人、合伙企业、公司三类不同投资主体，其税收政策各不相同。合伙企业中的个人合伙人的税负要高于个人投资者为主体投资的税负，这与政府鼓励创业投资业规范运作，做大做强的愿景不一致。因此，现有的税收政策需要改进，进一步降低股权投资合伙制企业的税负，使其达到与个人投资者一致的水平，实现税负公平，以加快创业投资业的发展。在信用担保政策方面，国外由政府提供信用担保，让商业银行向创投机构提供贷款或代为发行债券，为创投机构募资值得借鉴。

6.3　本章小结

政府政策是风险资本投向初创科技型企业外部环境中的一个重要因素，它会对创投机构决策产生重要影响。因此，对于促进创投机构投资初创企业的政策研究是非常必要的。本章首先对鼓励创投机构投资初创企业的主要政策进行总结归纳，分析了我国创业投资引导基金和税收政策中存在的主要问题，并对浙江省创业投资相关政策及不足进行了总结，对我国创业投资机构的政策需求进行了阐述。接着，分享了以色列的 YOZMA（初创）计划、英国的股权支持模式、欧盟的欧洲投资基金（EIF）以及澳大利亚的创新投资基金（IIF）等有关政府引导基金国外发达国家的一些做法；对国外值得借鉴的创业投资税收相关政策进行了简要阐述，如资本利得税制度、合伙企业税收政策、特惠性税收政策以及英国企业投资计划（EIS）等；对国外值得借鉴的信用担保政策进行了简要阐述。希望通过对这些政策的分析，借鉴国外发达国家创业投资业的发展经验，来实现推动我国创业投资行业发展，鼓励创投机构更多地投资初创企业的目的。

第 7 章

结论及启示

7.1 主要结论

本书在研究我国创投机构投资初创科技型企业（项目）的现状、特征及存在问题的基础上，基于"匹配性""可行性"视角，构建创投机构投资初创企业内生动力机制模型；并在分析"政府行为与政策"推动创投机构投初创企业的外在推力作用因素基础上，构建了政府推动创投机构投资初创企业的作用机制模型，探索"政府行为与政策"对创投机构投资初创企业的影响因素及其作用关系，以在理论上揭示创投机构对初创企业的投资动力机制；在此基础上，以在浙江省选择若干个具有代表性的创投机构（基金）为例，采用 MOTAD 模型方法，模拟分析创投机构内在动力因素（如当期投资资金）和外部政府政策变化（如税收等）对投资初创企业的影响效应；并分析了不同资金结构模式下投资的"抗风险性"和政府引导基金的"杠杆效应"。同时，分析现有鼓励创业风险资本投向初创科技型的政策及不足以及国外发达国家的创业投资政策。据此本书的主要研究结论有以下几点：

（1）初创企业特征由创业企业家个体特征、创业企业家经验、创业企业家管理能力，创业企业管理团队、创业企业产品/技术和创业企业产品市场构成，且这些变量均对初创企业特征有正向影响作用。其中，企业家个体特征和市场对初创企业特征的影响作用最大（路径系数分别为 0.357 和 0.294），即这两个因素是创投机构投资决策的首要考虑因素，这与对创投机构的访谈结果相一致。

（2）创投机构特征由创投机构客观实力和创投机构管理团队构成，且这两个变量对创投机构特征有正向影响作用，其中创投机构的客观实力对创投机构特征的影响更大（这两个变量的路径系数分别为 0.785 和 0.382）。对于该结论，本书认为，创投机构的客观实力（包括经营年限、总资本、投资项目数、累计已投资金额）越强，其投资运作经验越丰富，对风险的规避能力就越强，这样的创投机构往往更乐于投资初创企业。

（3）初创企业特征和创投机构特征共同影响创投双方的匹配性，继而对投资意向产生直接和间接影响。值得一提的是，创投机构特征对创投双方的匹配性影响比初创企业特征更大（这两个变量的路径系数分别为 0.390 和 0.227），即创投机构特征对投资意向的影响更大。这与以往的研究中，主要关注初创企业特征对投资意向的影响有所不同。

（4）投资的可行性由创投机构当期投资资金、监控能力、增值服务能力和对初创企业的绩效预期构成，且这些变量通过投资可行性间接作用于投资意向。其中增值服务对投资可行性的影响最大，当期投资资金对投资可行性的影响最小（增值服务、当期投资资金这两个变量的路径系数分别为 0.362 和 0.292）。对于该结论，本书认为，投资初创企业虽然风险较高，但所需投资金额相较传统投资较少；同时，对创投机构来说，卓越的增值服务能力能够帮助初创企业更好地成长。根据访谈，绝大部分的创投机构高管都表示，只会考虑有投资价值且自己比较熟悉的行业来进行投资，并且当自己具备帮助该初创企业完善公司运行机制、获得其他融资资源与渠道伙伴关系，并能为该初创企业推荐合适的上市中介机构的能力时，其有更强的投资初创企业的动力。因此，创投机构的增值服务能力对投资意向有显著的正向影响。

（5）政府行为与政策对创投机构的当期投资资金、信息平台建设有积极的正向影响（其路径系数分别为 0.342 和 0.308），创投机构的信息平台建设对绩效预期有积极的正向影响且影响较大（其路径系数为 0.596）。对于这些结论，本书认为与传统产业相比，新兴产业初创企业由于其技术和市场的高度不确定性，带来较大投资风险。一方面，通过政府政策（如税收、引导基金等）的引导和激励，可以拓宽创投机构的融资渠道，激发大量民间资本加入，从而有效推动创投机构投资初创企业。另一方面，政府出台政策，丰富创投机构的各方信息来源，助力创投机构内部的信息平台建设，有助于提升创投机构与初创企业的匹配性，降低投资风险，提高投资的绩效预期。

（6）创投机构的投资绩效预期、当期投资资金对其投资意向有积极的正向影响（其路径系数为0.411和0.534）。对于创投机构来说绩效预期越好的初创企业，收到可观的投资回报概率越大，创投机构就越有投资该初创企业的意愿。此外，创投机构管理的资金规模越大，越有机会可以选择多个投资项目，较好地分散了投资风险。

（7）"资金规模""税收减免""发债融资"对创业投资项目的收益与风险具有较大的影响效应。通过设计"不同资金规模""税收减免""发行债券"等模拟情景，通过 MOTAD 模型的模拟分析，结果显示：第一，不同规模的基金其预期收益与风险水平之间均存在一定差异性，基金资金规模越大，可以实施相对于小规模基金更加丰富的多元化投资策略，从而使其投资风险得到一定程度的分散与弱化；相应地，基金资金规模越小，其抗风险能力也越小；同等风险水平下，投资规模越大的基金，其预期收益越高。第二，"税收优惠"政策情景下，不同规模基金在同等风险水平下的预期收益要明显大于"税收优惠"前的预期收益，且投资项目的最高预期收益的上升幅度达19%；"税收优惠"后投资项目的风险水平和预期收益的范围都比"税收优惠"前有所扩大。第三，不同资金规模基金以8%或10%的利率发债后，无论是预期收益还是风险水平相比发债前都有了一定程度的增加；且各基金在相同的风险水平下，发债利率为8%比发债利率为10%时获得更多的预期收益；但发债利率若大于10%，在相同风险水平下，各基金的预期收益将低于不发债情景下的预期收益；因而，基于本书的模拟结果，建议发债利率在8%～10%区间内为宜。

（8）政府引导基金的杠杆效应在创投机构发行债券融资时达到最大化。基金结构模式与基金的杠杆效应之间存在紧密的联系，当投资基金结构模式为政府全额出资时，政府引导基金杠杆率为零，而随着基金的组成部分越来越丰富，其杠杆率变得越来越大，在基金结构模式为 GP、LP 和发债混合时，杠杆率最高。因此，引导基金的政策设计应该以发行债券提升创投机构融资能力为导向，引导更多的社会闲散资金通过创投基金投向初创科技型企业。

7.2 政 策 启 示

基于以上研究结论，以加快创业投资业的发展，推动创投机构投资初创企业为目标，本书提出如下政策建议：

（1）进一步完善我国的创业投资税收优惠政策。通过 MOTAD 模型的模拟就已经说明免征 6% 的增值税对创投机构的决策行为会产生较大的积极影响。在免征 6% 增值税的情境下，创投机构的预期收益得到提升，使创投机构投资初创企业的投资意愿增强。因此，税收的减免在任何资金规模下都更能够调动创投机构投资初创企业的热情。在实际操作中能够减免的并不止增值税，还有其他的很多税种及税收减免的方式。因此，笔者认为，免征 6% 的增值税能够在较大程度上刺激创投机构将资金投向初创企业。这一结论与国外发达地区的政策实践经验相一致，结合国外发达国家的经验，我国政府能够制定其他方式的税收优惠方式。

为了促进创投机构能够加大对初创企业的投资，可以通过更具有指向性的政策进行引导。结合上文提到的发达国家的税收优惠政策，提出以下建议：一是免征 6% 增值税；二是创投机构投资于初创企业获取的利润可在投资额的一定比例上抵减纳税额；三是支持某一行业的发展，能够承诺创投机构投资于该行业初创企业的全部利润免征增值税或投资于该行业初创企业获取的利润可在投资额的一定比例上抵减纳税额；四是为了扩大创投机构的资本规模，可以对投资者再投资于初创企业获取的利得所产生的个人所得税进行递延或者免征。

（2）政府应出台鼓励创投机构"发行债券"的融资政策，以提升政府引导基金的杠杆率和资金使用效率。本书 MOTAD 模型优化结果表明，创投机构"发债融资"对创业投资项目结构、规模、收益与风险具有较大的影响效应，且政府引导基金的杠杆效应在创投机构发行债券融资时到达最大化。因此，在政府同样的预算投入（引导资金）情况下，应通过允许创投机构发行债券政策的实施，提升政府引导资金的杠杆效应，以合规的债券途径吸纳民间闲散资金，提高创投机构的融资能力，并以此推动风险资本更多地投向科技型中小企业，提升科技型中小企业的自主创新能力和核心竞争力。

（3）加快推出引导债券基金等新型政策，丰富引导基金的类型，拓宽创投机构的融资渠道。目前我国的政府引导基金是以股权合伙人方式进入创投基金，而引导债券基金是以债券方式进入创投基金，相当于风险机构拿到一笔贷款，拓宽了创投机构的融资渠道，提升了基金规模，增加了创投机构的抗风险能力。以债券方式进入创投基金相比于股权合伙人方式有以下优点：一是管理上更加简化；二是产权上更明晰；三是对创投机构的激励更大，债券方式政府审批简化。

（4）建议政府通过直接或者间接的方式增加创投"持有"的资金规模。分担风险、提高收益是促进创投机构投资初创企业的主要动力。根据 MOTAD 模型模拟的结果显示，在一定范围的投资风险水平下，资金规模较大的创业投资基金，可以实施相对丰富的多元化投资策略，从而使其投资面临的风险得到一定程度的弱化，实现相对较高的投资预期收益。因此，增加创业投资的运作资金规模，有助于推动创投机构投资初创企业。因此，建议政府通过直接或者间接的方式增加创投机构"持有"的资金规模，促进创投机构投资初创企业并对其投资产业方向进行适当调控。建议如下：第一，当创投机构投资于政府认可的初创企业时，政府进行跟投；第二，当创投机构投资于初创企业时，政府能在一定程度进行补贴；第三，当创投机构投资于政策扶持的初创企业时，可以根据创投机构的投资额提取一定比例的风险准备金，为补偿创投机构投资失败时造成的损失。第四，政府可以以低利率借款方式直接对创投机构注入资金，帮助创投机构融资。同时，能够鼓励更多的民间资本进入创投机构。

（5）完善风险补偿政策。初创企业具有规模小、不确定性大、信息不对称严重等特征，出于规避风险的本能，很多创投机构对初创企业一直持观望态度。因此，实行风险补偿、降低投资风险是提高创投机构投资初创企业积极性的重要举措。建议由政府和创投机构共同出资设立创业投资风险补偿专项资金，对符合条件的创投机构按其投资损失的一定比例给予风险补贴，允许经过备案的创投机构按比例提取风险准备金，国家财政再按实际投资额的 1% 给予风险补助，形成创业投资风险补偿专项资金，帮助创业投资企业降低投资风险。

（6）加快推进资本市场建设，大幅拓宽创业投资退出渠道。退出机制是创业投资市场的重要组成部分，其畅通和完善与否直接决定了创投机构的投资意愿。目前，我国已经基本形成了多元化、低"门槛"的资本市场服务体系，能够为科技创新型企业提供"从创意到 IPO 再到持续成长"的全生命周期服务，中小板、创业板以及新三板也已成为高新技术企业重要的集聚区。然而，现阶段创业投资业仍面临着 IPO 审核的制度障碍，"堰塞湖"现象依然严重，造成了大量拥有自主知识产权、高成长潜力的创新型企业不得不寻求海外市场，创业投资的企业难以实现有效的退出等问题。建议进一步加强资本市场建设，减少政府行政手段的干预，增强市场与政策的稳定性，使 IPO 常态化，深化创业板新三板改革，加快推动初创科技型企业上市。

（7）建设高效的信息交流平台，丰富各方信息源，提升投资的精准率。目前，我国仍缺乏高效的信息交流平台，无形中为创投机构和初创企业的交流活动增加了许多的显性和隐形的成本。因此，除了政策优化外，信息平台的建设也是十分必要和迫切的。除了创业投资内部的信息平台建设外，政府应尽快出台有关政策，完善和规范创业投资中介服务机构，大力培育专业、权威的知识产权价值评估机构、会计师事务所、律师事务所、行业协会、信息技术咨询机构、专业市场调查机构等代理机构和顾问机构，逐步建立和完善创业投资所需的社会化服务体系，为创投机构的投资决策和运营创造有利的中介服务条件。此外，政策应鼓励和支持各类创业园区、众创空间等创业孵化器与创业投资机构合作，建立创业孵化与创业投资相结合的孵化机制，多渠道为创业投资提供优质初创企业（项目）来源。

（8）加快专业化人才队伍建设，提升创投行业内部管理水平。促进新兴产业创业投资发展，"人"始终是最重要的因素。政府应出台政策广泛集聚和培养创业投资产业的高端人才。一是建立政府设定标准（如明确创业投资合格投资者的标准）、企业参考选才、市场评价相结合的高端人才认定机制；二是积极争取区域特殊优惠政策落地，创新股权激励机制；三是清除人才流入障碍，如对国内高端人才放宽户籍等限制等。

附录 1

浙江省创投机构投资项目（企业）情况调研提纲

编号：_____调研日期：_____调研地点：_____

创投机构名称（包括基金公司）：_____访谈者姓名：_____联系电话：_____

1. 创投机构所投项目的基本情况。（包括：已投项目（企业）名称、所属行业、具体的投资时间、投资额、年净利润、被投项目年末总股数、年末创投机构持股数、每股收益等）。

2. 创业投资项目的风险因素有哪些？（包括被投企业、外部环境以及创投机构本身三个方面）。

3. 创投机构能够接受的投资预期收益率水平？（低于年化收益的百分之几时，创投机构一般不会考虑投资）。

4. 就基金类型的划分标准和每一类型基金单个项目投资约束系数 a_i 的数值征求意见。

5. 投后创业投资绩效的关键影响因素有哪些？

6. 创投退出时机选择通常考虑的微观因素有哪些？

7. 浙江省风险资本投向科技型初创企业当前存在的主要困难和问题？

附录 2

《创投机构投资初创科技型企业的
动力机制研究》调查问卷

尊敬的先生/女士：

　　您好！本问卷旨在研究创投机构投资初创企业（处于初创期阶段的企业）的动力机制，研究结果将为政府部门推动创投机构投资初创企业的政策设计提供参考。请您根据您所接触过的某一初创企业项目的具体情况填写问卷。本问卷所获取的信息仅用于学术研究，研究并不针对某一创投机构展开。如果您对我们的研究有兴趣，我们愿将研究成果提供给您。真诚感谢您的帮助，祝贵公司业务蒸蒸日上！

中国计量大学

2014 年 12 月

　　第一部分　请您根据贵公司及所了解的某一初创科技型企业（以下简称初创企业）的实际情况，判断对下列描述的同意程度，并在相应的数字上打"√"，或用明显的颜色标出

一、当您（公司）在接触某一初创企业时，您认为该企业以下特征的状态如何？

	题项	完全不同意	不太同意	有点不同意	一般	有点同意	比较同意	完全同意
我认为该初创企业家（个体特征）	1. 能够准确评估风险并快速做出反应的	1	2	3	4	5	6	7
	2. 能清晰地阐述风险的	1	2	3	4	5	6	7
	3. 有良好信用的	1	2	3	4	5	6	7
	4. 专注和热情的	1	2	3	4	5	6	7
	5. 照顾到细节的	1	2	3	4	5	6	7
我认为该初创企业家的经验	1. 有关于其冒险（创业）的追踪记录	1	2	3	4	5	6	7
	2. 对我来说，这个企业家是由值得信赖的个人或组织推荐的	1	2	3	4	5	6	7
我认为该初创企业家的管理能力	1. 具备出色的洞察力和预测能力	1	2	3	4	5	6	7
	2. 具备卓越的组织管理能力	1	2	3	4	5	6	7
	3. 具备卓越的风险管理能力	1	2	3	4	5	6	7
我认为该初创企业的管理团队是	1. 管理团队在功能上是平衡的	1	2	3	4	5	6	7
	2. 管理团队是经验丰富的	1	2	3	4	5	6	7
我认为该初创企业的产品/技术是	1. 产品的知识产权保护程度高	1	2	3	4	5	6	7
	2. 专利的独立性强	1	2	3	4	5	6	7
我认为该初创企业的市场是	1. 市场增长潜力大	1	2	3	4	5	6	7
	2. 市场的可获得性高	1	2	3	4	5	6	7
	3. 产品符合市场需求	1	2	3	4	5	6	7
	4. 产品市场规模大	1	2	3	4	5	6	7

二、当您（公司）在接触某一初创企业时，您认为贵公司以下特征的状态如何？

	题项	完全不同意	不太同意	有点不同意	一般	有点同意	比较同意	完全同意
我认为本公司的客观实力是	1. 总资本相较于国内平均水平较高	1	2	3	4	5	6	7
	2. 迄今投资的项目（企业）数目相较于国内平均水平较多	1	2	3	4	5	6	7
	3. 累计已投资金额相较于国内平均水平较多	1	2	3	4	5	6	7
我认为本公司的管理团队是	1. 经济与管理学科背景比重较大	1	2	3	4	5	6	7
	2. 管理经验丰富	1	2	3	4	5	6	7

三、下列问题旨在了解贵公司的投资行为是否符合以下描述

题项	完全不同意	不太同意	有点不同意	一般	有点同意	比较同意	完全同意
1. 对该初创企业进行投资，将可达成本公司所预期的目标收益	1	2	3	4	5	6	7
2. 我认为投资该初创企业的产品/技术，将使本公司获得较好的投资结果	1	2	3	4	5	6	7
3. 该初创企业提供我们好的机会，去开展与该项目其他投资伙伴之间的互动	1	2	3	4	5	6	7
4. 我认为投资该初创企业的产品/技术，将使本公司的投资更为顺利	1	2	3	4	5	6	7
5. 当投资该初创企业的过程发生问题，本公司将能从该项目获得所需的协助	1	2	3	4	5	6	7
6. 总的来说，我认为投资该初创企业的产品/技术，将完成本公司所要的投资任务	1	2	3	4	5	6	7

四、您认为贵公司对某一初创企业投资的准备情况如何？

	题项	完全不同意	不太同意	有点不同意	一般	有点同意	比较同意	完全同意
当期投资资金	1. 我认为投资该初创企业不构成本公司资金上的障碍	1	2	3	4	5	6	7
	2. 我认为本公司有充足的资金去投资该初创企业	1	2	3	4	5	6	7
	3. 我认为投资该初创企业资金困难时，本公司愿意与其他投资机构联合投资	1	2	3	4	5	6	7
对初创企业的监控能力	1. 我认为一旦初创企业CEO异动，本公司具备主动或被动加入企业的董事会的能力	1	2	3	4	5	6	7
	2. 我认为本公司具备塑造和招聘初创企业高层管理团队的能力	1	2	3	4	5	6	7
	3. 我认为本公司具备定期监控初创企业财务状况的能力	1	2	3	4	5	6	7
	4. 我认为本公司具备定期监控初创企业经营业绩的能力	1	2	3	4	5	6	7
对初创企业的增值服务能力	1. 我认为本公司具备为初创企业推荐合适的上市有关的中介机构的能力	1	2	3	4	5	6	7
	2. 我认为本公司具备帮助初创企业完善公司运行机制的能力（如企业运作的规范性、薪酬体系、激励机制）	1	2	3	4	5	6	7
	3. 我认为本公司具备帮助初创企业获得其他融资资源的能力	1	2	3	4	5	6	7
	4. 我认为本公司具备帮助初创企业获得更多渠道伙伴关系的能力	1	2	3	4	5	6	7

五、您认为贵公司投资某一初创企业的绩效预期如何？

题项	完全 不同意	不太 同意	有点 不同意	一般	有点 同意	比较 同意	完全 同意
1. 我认为该初创企业的预期投资收益是高的	1	2	3	4	5	6	7
2. 我认为投资该初创企业能提升本公司形象	1	2	3	4	5	6	7
3. 我认为投资该初创企业能提升本公司竞争优势	1	2	3	4	5	6	7
4. 我认为投资该初创企业能增进本公司与其他投资合作伙伴的关系	1	2	3	4	5	6	7

六、您认为贵公司投资某一初创企业的投资意向如何？

题项	完全 不同意	不太 同意	有点 不同意	一般	有点 同意	比较 同意	完全 同意
1. 本公司未来有可能投资该初创企业	1	2	3	4	5	6	7
2. 本公司预期会投资该初创企业	1	2	3	4	5	6	7
3. 本公司计划将投资该初创企业	1	2	3	4	5	6	7

第二部分　您所在创投公司概况

1. 创投公司类型

A. 国有创投公司　B. 外资创投公司　C. 民营创投公司　D. 其他

2. 创投公司的组织形式

A. 有限责任公司　B. 股份有限公司　C. 合伙企业

3. 创投公司成立年限

A. 3 年（含）以内　B. 4～6 年　　C. 7～9 年　　　D. 10～12 年

E. 13～15 年　　　F. 16～19 年　G. 20 年以上

4. 创投公司员工人数

A. 5 人（含）以下　B. 6～10 人　　C. 11～20 人　　D. 21～30 人

E. 31～40 人　　　F. 41～50 人　G. 50 人以上

5. 创投公司的总资本规模

A. 5 亿元（含）以下　　　　　　B. 6 亿～10 亿元

C. 11 亿～20 亿元　　　　　　　D. 21 亿～30 亿元

E. 31 亿~40 亿元   F. 41 亿~50 亿元

G. 51 亿元以上

6. 投资区域（可多选）

A. 杭州   B. 浙江省内其他地区（杭州除外）

C. 国内其他地区（浙江省除外）   D. 境外

7. 在本次调查前，贵公司已投资的项目（企业）数

A. 5 个（含）以下 B. 6~10 个   C. 11~20 个   D. 21~30 个

E. 31~40 个   F. 41~50 个   G. 50 个以上

8. 累计已投资金额（包括所管理的投资基金）

A. 1 亿元（含）以下   B. 2 亿~5 亿元

C. 6 亿~10 亿元   D. 11 亿~20 亿元

E. 21 亿~35 亿元   F. 36 亿~50 亿元

G. 51 亿元以上

9. 创业投资的项目来源（可多选）

A. 政府部门推荐   B. 朋友介绍

C. 银行介绍   D. 中介公司

E. 媒体宣传   F. 其他创业投资公司推荐

G. 大学科研处（科技园）   H. 其他

10. 投资时，被投企业所处产业（可多选）

A. 软件产业   B. IT 服务业

C. 新能源、高节能技术   D. 新材料工业

E. 网络产业   F. 生物科技

G. 环保工程   H. 传播与文化娱乐

I. 计算机硬件产业   J. 医药保健

K. 通信设备   L. 服务消费产品和服务

M. 传统制造业   N. 科学研究与技术

O. 农林牧副渔   P. 其他

再次感谢您的支持与合作！

附录 3

《政府推动创投机构投资初创科技型企业的作用机制研究》调查问卷

尊敬的先生/女士:

　　您好！本问卷旨在研究创投机构投资初创科技型企业（项目）的动力机制，研究结果将为政府部门推动创投机构投资初创企业（项目）的政策设计提供参考。请您根据您所接触过的某一初创企业的具体情况填写问卷。本问卷所获取的信息仅用于学术研究，研究并不针对某一创投机构展开。如果您对我们的研究有兴趣，我们愿将研究成果提供给您。真诚感谢您的帮助，祝贵公司业务蒸蒸日上！

中国计量大学

2014 年 12 月

　　第一部分　请您根据贵公司及所了解的某一初创科技型企业（以下简称初创企业）的实际情况，判断对下列描述的同意程度，并在相应的数字上打"√"，或用明显的颜色标出

一、您认为贵公司对某一初创企业投资的当期投资资金如何？

题项	完全不同意	不太同意	有点不同意	一般	有点同意	比较同意	完全同意
1. 我认为投资该初创企业不构成本公司资金上的障碍	1	2	3	4	5	6	7
2. 我认为本公司有充足的资金去投资该初创企业	1	2	3	4	5	6	7
3. 我认为对本公司来说，投资该初创企业存在当期投资资金的困难	1	2	3	4	5	6	7
4. 我认为投资该初创企业资金困难时，本公司愿意与其他投资机构联合投资	1	2	3	4	5	6	7

二、您认为贵公司投资某一初创企业的绩效预期如何？

题项	完全不同意	不太同意	有点不同意	一般	有点同意	比较同意	完全同意
1. 我认为该初创企业的预期投资收益是高的	1	2	3	4	5	6	7
2. 我认为投资该初创企业能提升本公司形象	1	2	3	4	5	6	7
3. 我认为投资该初创企业能提升本公司竞争优势	1	2	3	4	5	6	7
4. 我认为投资该初创企业能有利于本公司其他的投资实践	1	2	3	4	5	6	7
5. 我认为投资该初创企业能增进本公司与其他投资合作伙伴的关系	1	2	3	4	5	6	7

三、您认为贵公司投资某一初创企业的投资意向如何？

题项	完全不同意	不太同意	有点不同意	一般	有点同意	比较同意	完全同意
1. 本公司未来有可能投资该初创企业	1	2	3	4	5	6	7
2. 本公司未来有意愿考虑投资该初创企业	1	2	3	4	5	6	7
3. 本公司未来想要投资该初创企业	1	2	3	4	5	6	7

附录3 《政府推动创投机构投资初创科技型企业的作用机制研究》调查问卷

三、您认为贵公司投资某一初创企业的投资意向如何？

题项	完全 不同意	不太 同意	有点 不同意	一般	有点 同意	比较 同意	完全 同意
4. 本公司预期会投资该初创企业	1	2	3	4	5	6	7
5. 本公司计划将投资该初创企业	1	2	3	4	5	6	7

四、您认为贵公司投资初创企业的信息平台建设情况如何？

题项	完全 不同意	不太 同意	有点 不同意	一般	有点 同意	比较 同意	完全 同意
1. 我认为本公司有充足的初创企业信息来源去支持投资决策	1	2	3	4	5	6	7
2. 我认为本公司有充足的初创企业供投资决策时选择	1	2	3	4	5	6	7
3. 我认为本公司有充足的高质量初创企业供投资选择	1	2	3	4	5	6	7
4. 我认为本公司有综合的初创企业数据库，以支持投资决策	1	2	3	4	5	6	7
5. 我认为本公司已经在初创企业的数据管理与数据安全方面建立了策略	1	2	3	4	5	6	7

五、您认为对于投资初创企业，政府的行为与政策会如何？

题项	完全 不同意	不太 同意	有点 不同意	一般	有点 同意	比较 同意	完全 同意
1. 我认为政府会建立鼓励投资的初创企业评价标准（即哪些初创企业是政府要鼓励投资的）	1	2	3	4	5	6	7
2. 我认为政府会建立鼓励投资初创企业的政府资金支持标准	1	2	3	4	5	6	7
3. 我认为政府会提供引导基金给投资初创企业的创投公司	1	2	3	4	5	6	7
4. 我认为政府会提供融资担保给创投公司投资的初创企业	1	2	3	4	5	6	7
5. 我认为政府会提供融资担保给投资初创企业的创投公司	1	2	3	4	5	6	7

五、您认为对于投资初创企业，政府的行为与政策会如何？

题项	完全不同意	不太同意	有点不同意	一般	有点同意	比较同意	完全同意
6. 我认为政府会为担保公司建立补偿制度	1	2	3	4	5	6	7
7. 我认为政府会提供税收优惠政策给投资初创企业的创投公司	1	2	3	4	5	6	7
8. 我认为政府会推动信息平台建设，为创投公司提供更多的初创企业来源	1	2	3	4	5	6	7
9. 我认为政府会投资支持企业研究院，以产生更多的初创企业（项目）	1	2	3	4	5	6	7
10. 我认为政府会培育良好的创业投资生态系统	1	2	3	4	5	6	7
11. 我认为政府会建立完善的创业投资法律法规体系	1	2	3	4	5	6	7

第二部分　您所在创投公司概况

1. 创投公司类型

A. 国有创投公司　B. 外资创投公司　C. 民营创投公司　D. 其他

2. 创投公司的组织形式

A. 有限责任公司　B. 股份有限公司　C. 合伙企业

3. 创投公司成立年限

A. 3 年（含）以内B. 4~6 年　　　C. 7~9 年　　　D. 10~12 年

E. 13~15 年　　　F. 16~19 年　　G. 20 年以上

4. 创投公司员工人数

A. 5 人（含）以下B. 6~10 人　　C. 11~20 人　　D. 21~30 人

E. 31~40 人　　　F. 41~50 人　　G. 50 人以上

5. 创投公司的总资本规模

A. 5 亿元（含）以下　　　　　　B. 6 亿~10 亿元

C. 11 亿~20 亿元　　　　　　　D. 21 亿~30 亿元

E. 31 亿~40 亿元　　　　　　　　　F. 41 亿~50 亿元

G. 51 亿元以上

6. 投资区域（可多选）

A. 杭州　　　　　　　　　　　　　B. 浙江省内其他地区（杭州除外）

C. 国内其他地区（浙江省除外）　　　D. 境外

7. 在本次调查前，贵公司已投资的项目（企业）数

A. 5 个（含）以下　B. 6~10 个　　C. 11~20 个　　　　D. 21~30 个

E. 31~40 个　　　　F. 41~50 个　　G. 50 个以上

8. 累计已投资金额（包括所管理的投资基金）

A. 1 亿元（含）以下　　　　　　　B. 2 亿~5 亿元

C. 6 亿~10 亿元　　　　　　　　　D. 11 亿~20 亿元

E. 21 亿~35 亿元　　　　　　　　　F. 36 亿~50 亿元

G. 51 亿元以上

9. 创业投资的项目来源（可多选）

A. 政府部门推荐　　　　　　　　　B. 朋友介绍

C. 银行介绍　　　　　　　　　　　D. 中介公司

E. 媒体宣传　　　　　　　　　　　F. 其他创业投资公司推荐

G. 大学科研处（科技园）　　　　　H. 其他

10. 投资时，被投企业所处产业（可多选）

A. 软件产业　　　　　　　　　　　B. IT 服务业

C. 新能源、高节能技术　　　　　　D. 新材料工业

E. 网络产业　　　　　　　　　　　F. 生物科技

G. 环保工程　　　　　　　　　　　H. 传播与文化娱乐

I. 计算机硬件产业　　　　　　　　J. 医药保健

K. 通信设备　　　　　　　　　　　L. 服务消费产品和服务

M. 传统制造业　　　　　　　　　　N. 科学研究与技术

O. 农林牧副渔　　　　　　　　　　P. 其他

参考文献

[1] 蔡和原. 试论如何完善我国金融风险投资管理 [J]. 中小企业管理与科技（上旬刊），2015（7）：147－148.

[2] 蔡宁，徐梦周. 我国创投机构投资阶段选择及其绩效影响的实证研究 [J]. 中国工业经济，2009（10）：86－95.

[3] 曾晓雯. 组织中计算机自我效能感、任务技术匹配对个体工作结果的影响 [D]. 杭州：浙江大学，2006.

[4] 陈和. 创业投资的政策性引导基金模式研究 [J]. 科学学与科学技术管理，2006（5）：79－83.

[5] 陈佳贵. 关于企业生命周期与企业蜕变的探讨 [J]. 中国工业经济，1995（11）：5－13.

[6] 陈洁. 基于交互效应的风险投资决策意愿影响因素的实证研究 [D]. 广州：华南理工大学，2012.

[7] 陈敏灵，薛静. 风险投资机构投资绩效的影响因素研究综述 [J]. 西安石油大学学报（社会科学版），2013，22（6）：34－40.

[8] 陈希，樊治平. 基于公理设计的风险投资商与风险企业双边匹配 [J]. 系统工程，2010（6）：9－16.

[9] 成思危. 积极稳妥地推进我国的创业投资事业 [J]. 管理世界，1999（1）：2－7.

[10] 从海涛，李秀成. 创业投资中的政府角色定位 [J]. 当代财经，2007，267（8）：27－30.

［11］崔毅，胡海军，王明伟．风险投资项目评价指标体系构建研究［J］．企业活力，2008（8）：85－87．

［12］单伟勋．风险度量方法的比较及应用［J］．中国证券期货，2013（2）：240．

［13］邓瑞浩．基于现代投资组合理论设立保险投资基金研究［D］．重庆：重庆大学，2005．

［14］刁珊珊，侯合银，达庆利．创业投资分阶段运作机制研究现状［J］．现代管理科学，2006（3）：24－25．

［15］董铁牛，杨乃定，姜继娇，等．消费者网上购物行为的实证研究［J］．工业工程与管理，2007，12（6）：77－82．

［16］杜纯．风险投资机构人力资本与企业创新能力、经营绩效［D］．厦门：厦门大学，2014．

［17］苟燕楠，董静．风险投资进入时机对企业技术创新的影响研究［J］．中国软科学，2013（3）：132－140．

［18］苟燕楠，董静．风险投资背景对企业技术创新的影响研究［J］．科研管理，2014，35（2）：35－42．

［19］辜胜阻，刘入领，李正友．政府对风险投资的经济激励政策［N］．人民日报，2009，国家税务总局．税务总局创业投资税收优惠政策问答精选［N］．财会信报，2017－10－23．

［20］国家发改委经济研究所课题组，宋立，王元，刘国艳．促进江苏创业资本投资早期阶段的建议（附件四）［J］．经济研究参考，2013（63）：59－70．

［21］国家发改委经济研究所课题组，宋立，刘国艳，王元，刘雪燕．中国创业资本投资早期创新企业的基本状况（附件一）［J］．经济研究参考，2013（63）：12－36．

［22］何涛．初创型小企业如何获得风险投资的青睐［J］．科技创业，2004（5）：62－64．

［23］胡志坚，张晓原，张志宏．中国创业风险投资发展报告（2017）［M］．北京：经济管理出版社，2017．

［24］黄小原，田澎．证券组合管理问题决策［J］．系统工程理论方法应

用，1992（1）：24－30＋76.

［25］贾建强. 初创期风险投资发展的制度环境分析［J］. 科技管理研究，2005（12）：10－12.

［26］蒋迎明. 从国际经验看政府在风险投资中的职能和作用［D］. 上海：复旦大学，2004.

［27］我国风险投资的运行机制研究［EB/OL］. http：//max. book118. com/html/2015/0326/13784517. shtm.

［28］雷培莉，吴健. 谈初创期网络企业如何吸引风险投资［J］. 商场现代化，2009（6）：169.

［29］李春明. 风险投资项目的市场风险评价［J］. 东北石油大学学报，2006，30（4）：83－84.

［30］李洪. 创投是创新创业迅速发展的助推器［J］. 中国科技产业，2016（1）：87.

［31］李琳. 基于资源观的孵化器与创业投资对创业绩效的影响研究［D］. 长沙：中南大学，2009.

［32］李严，罗国锋，马世美. 风险投资机构人力资本与投资策略的实证研究［J］. 管理科学，2012，25（3）：45－55.

［33］李艳艳，张明喜. 创业投资税收激励政策的国际经验借鉴［J］. 环球瞭望，2012（10）：24～28.

［34］林立达. 论中国初创期企业与风险投资的有效互动［J］. 海峡科学，2008（9）：18－19＋34.

［35］刘超纲，吴庆，熊立东. 农业企业创新技术采纳影响因素研究——基于 TOE 研究框架［J］. 中国农学通报，（2006）9：551－554.

［36］刘二丽. 创业投资增值服务对创业企业成长绩效的影响研究［J］. 工业技术经济，2008（8）：141－145.

［37］刘华伟. 广东省政府引导基金实践问题与政策建议［J］. 地方财政研究，2018（3）：92－97.

［38］刘健钧. 如何引导创投机构投资中初创企业［J］. 中国科技投资，2010（1）：19－20.

［39］刘健钧. 正确认识创业资本　努力推进创业投资体制建设［J］. 管

理世界，1999（4）：98－103.

[40] 刘曼红，胡波．风险投资理论：投资过程研究的理论发展和前沿[J]．国际金融研究，2004（3）：8－14.

[41] 刘曼红．"创业投资"概念的界定 [Z]．中国创业投资年鉴．北京民主与建设出版社，2004：73－76.

[42] 刘仁和，余志威．完善我国创业投资基金的税收政策 [J]．税务研究，2010（6）：54－57.

[43] 刘瑞翔，陈森发．风险投资与公共政策支持研究 [J]．中国科技论坛，2007（8）：93－96.

[44] 刘伟，程俊杰，敬佳琪．联合创业投资中领投机构的特质、合作模式，成员异质性与投资绩效——基于我国上市企业的实证研究 [J]．南开管理评论，2013（6）：136－148，157.

[45] 柳明珠，周天涛．多阶段风险投资决策的三叉树复合期权模型[J]．北京电力高等专科学校学报，2012（7）：164－165.

[46] 卢智健．创业投资机构活动对科技风险企业绩效的作用机制研究[D]．杭州：浙江大学，2012.

[47] 陆文聪，西爱琴．农户农业生产的风险反应：以浙江为例的MO-TAD模型分析 [J]．中国农村经济，2005（12）：68－75.

[48] 马万里，阮琦，陈波．知识产权风险投资风险水平的量化研究：浙江实证 [J]．科技管理研究，2016，36（3）：142－145.

[49] 马万里．知识产权风险投资研究述评 [J]．经济社会体制比较，2011（2）：199－205.

[50] 钱苹，张帏．我国创业投资的回报率及其影响因素 [J]．经济研究，2007（5）：78－90.

[51] 秦军．创业投资市场建设中的政府作用研究 [J]．南京邮电大学学报（社会科学版），2009，11（1）.

[52] 曲顺兰，尹守香．促进风险投资发展的税收政策取向 [J]．山东经济，2004（3）：60－63.

[53] 全怀周．企业生命周期的系统管理理论研究 [D]．天津：天津大学，2003.

[54] 荣妍. 我国创业投资行业现状研究 [J]. 经营管理者. 2015 (6)：28 – 35.

[55] 邵同尧. 政府促进天使投资发展的国际比较及启示 [J]. 经济问题探索，2011 (1)：129 – 133.

[56] 盛希诺. 中国风险投资机构投资及管理行为研究 [D]. 北京：清华大学，2004.

[57] 宋华静. 发展中国特色风险投资培育战略性新兴产业 [J]. 理论参考，2010 (11)：20 – 23.

[58] 史婷婷. 创投机构投资科技型初创期企业的内生动力机制研究 [D]. 杭州：中国计量学院，2015.

[59] 苏祥哲. 基于实物期权博弈的风险投资决策研究 [D]. 镇江：江苏科技大学，2012.

[60] 孙杨，许承明，夏锐. 风险投资机构自身特征对企业经营绩效的影响研究 [J]. 经济学动态，2012 (11)：77 – 80.

[61] 孙正林，王要武，刘红娜. 规模经济：延长中小企业生命周期的理性选择 [J]. 北京理工大学学报（社会科学版），2009，11 (3)：24 – 27.

[62] 万树平，李登峰. 具有不同类型信息的风险投资商与投资企业多指标双边匹配决策方法 [J]. 中国管理科学，2014 (2)：40 – 47.

[63] 汪洋. 高科技产业政策对风险投资活动的影响 [J]. 安徽师范大学学报，2012，40 (1)：31 – 36.

[64] 王海勇. 激励创业投资发展的所得税政策取向 [J]. 税务研究，2015 (12)；14 – 16.

[65] 王丽婷. 影响风险投资项目选择的关键因素研究 [D]. 杭州：浙江理工大学，2009.

[66] 王丽燕. 风险投资的组合投资决策模型研究 [J]. 武汉理工大学学报（信息与管理工程版），2006 (10)：146 – 148.

[67] 王小毅，马庆国. 基于神经营销学的品牌延伸评估探索：对 A&K 模型的修正 [J]. 管理世界，2009 (11)：115 – 121.

[68] 王燕. 创业投资引导基金的国内外比较与建议 [J]. 科技信息，2010 (25)：795 – 796.

[69] 王振山. 科技企业孵化器与创业企业合谋分析 [J]. 科技进步与对策, 2010, 27 (5): 90 - 92.

[70] 王重鸣. 心理学研究方法 [M]. 北京: 人民教育出版社, 2003.

[71] 文泓鉴. 政府推动创投机构投资新兴产业初创企业的作用机制研究 [D]. 杭州: 中国计量大学, 2016.

[72] 吴明隆. 统计应用实务 [M]. 北京: 科学出版社, 2003.

[73] 吴作章, 宋金国, 王天威. 创业风险投资引导基金探析 [J]. 地方财政研究, 2008 (12): 57 - 60.

[74] 武敏婷, 孙滢, 高岳林. 基于 VaR 约束的均值 - 绝对偏差投资组合优化模型及实证研究 [J]. 统计与决策, 2010 (3): 156 - 158.

[75] 西爱琴, 陆文聪, 梅燕. 农户种植业风险及其认知比较研究 [J]. 西北农林科技大学学报 (社会科学版), 2006, 6 (4): 22 - 28.

[76] 西爱琴. 农业生产经营风险决策与管理对策研究 [D]. 杭州: 浙江大学, 2006.

[77] 肖甲山. CVaR 风险度量方法及其在投资组合优化中的应用研究 [D]. 长沙: 中南大学, 2008.

[78] 谢军, 周南. 创业者的先前工作经验对获得风险投资的影响 [J]. 科学学与科学技术管理, 2015, 36 (9): 173 - 180.

[79] 邢斯达. 关于我国政府引导基金政策的思考 [J]. 商业经济研究, 2017 (17): 187 - 189.

[80] 熊和平. 投资组合协方差矩阵的性质与最优组合的选择 [J]. 中国管理科学, 2002 (2): 13 - 15.

[81] 熊晶晶, 史本山. 基于价值函数的行为风险投资组合模型研究 [J]. 技术经济, 2011, 30 (2): 66 - 70.

[82] 徐绪松, 曹平. 项目管理知识体系的比较分析 [J]. 南开管理评论, 2004, 7 (4): 83 - 87.

[83] 徐绪松, 陈彦斌. 绝对离差证券组合投资模型及其模拟退火算法 [J]. 管理科学学报, 2002 (3): 79 - 85.

[84] 徐绪松, 王频, 侯成琪. 基于不同风险度量的投资组合模型的实证比较 [J]. 武汉大学学报 (理学版), 2004, 50 (3): 311 - 314.

［85］许筠芸. 移动微博客户端用户发布行为意愿影响因素研究［D］.
杭州：浙江大学，2013.

［86］薛文理，曾刚. 我国创业环境下政府创新基金对创业企业的扶持
作用［J］. 科技与经济，2007（1）：39－43.

［87］杨大楷，李丹丹. 中国引导基金政策对私募股权投资的影响研究
［J］. 现代管理科学，2012（4）.

［88］杨大楷，李丹丹. 政府支持风险投资的必要性研究述评［J］. 云南
民族大学学报（哲学社会科学版），2012，29（3）：99－107.

［89］杨军. 中国创业风险投资发展与政府扶持研究［D］. 南京：南京
农业大学，2006.

［90］杨俊，杨钢桥. 风险状态下不同类型农户农业生产组合优化——
基于 target—MOTAD 模型的分析［J］. 中国农村观察，2011（1）：49－59.

［91］杨敏利，党兴华，涂宴卿. 基于投资者不同风险偏好的风险投资
决策研究［J］. 科技管理研究，2008（8）：194－196.

［92］杨青. 风险投资的理论与决策方法研究［D］. 武汉：武汉理工大
学，2002.

［93］姚丰桥. 风险投资的决策因素及模型研究［D］. 天津：天津大学，
2011.

［94］姚梅芳，张兰，葛晶. 基于文献分析的政府出资型风险投资公司
风险管理体系研究［J］. 情报科学，2010（28）：1901－1907.

［95］姚先国，温伟祥. 政府创业风险投资引导基金组织制度安排与代
理成本分析［J］. 经济学动态，2008（6）：81－84.

［96］尹小玲，王铁，夏宏奎. 国外风险投资支持高新技术创业企业早
期发展的比较研究［J］. 特区经济，2012（6）：69－72.

［97］应望江，吕羽. 论风险投资的政府支持［J］. 上海财经大学学报，
2001（3）：3－11.

［98］于本海. 基于 AHP 的软件项目风险投资决策模型研究［J］. 科技
管理研究，2009，29（6）：394－396，372.

［99］于绯. 风险投资回报及其影响因素研究［D］. 广州：暨南大学，2010.

［100］于永信. 政府引导企业科技投入的模型分析与实证研究［D］. 济

南：山东大学，2009.

［101］余泳. 政府引导型科技投资基金发展模式研究［J］. 经济问题探索，2011（10）：16 - 17.

［102］张丰，段玮婧. 行业因素对风险投资项目评价指标影响的实证研究［J］. 科技进步与对策，2010（3）：132 - 136.

［103］张格亮. 我国风险投资家对项目评价指标的选用研究［D］. 大连：东北财经大学，2012.

［104］张陆洋，肖建. 政府支持风险投资业发展的效应分析［J］. 经济问题，2008（11）：35 - 37.

［105］张明喜，郭戎. 中国创业风险投资的发展近况及思考［J］. 中国科技论坛，2015（2）：20 - 26.

［106］张鹏. 我国境外直接投资风险管理与决策研究——基于 AHP - ANPV 分析框架［J］. 东北财经大学学报，2011（5）：85 - 90.

［107］张炜. 关于我国创业投资制度创新绩效问题的探讨［D］. 广州：暨南大学，2006.

［108］章卫民，劳剑东，李湛. 科技型中小企业成长阶段分析及划分标准［J］. 科学学与科学技术管理，2008（29）：135 - 139.

［109］赵成国，陈莹. 政府创业投资引导基金运作管理模式研究［J］. 上海金融，2008（4）.

［110］赵镝. 风险投资初期阶段投资风险评价［D］. 长春：吉林大学，2005.

［111］赵振武. 风险投资评估与决策研究［D］. 天津：天津大学，2005.

［112］浙江省科学技术厅. 浙江省创业风险投资行业协会. 浙江省创业风险投资发展报告（2014）［R］. 浙江省创业风险投资行业协会，2014.

［113］浙江省科学技术厅，浙江省创业风险投资行业协会. 浙江省创业风险投资发展报告（2015）［R］. 浙江省创业风险投资行业协会，2015.

［114］浙江省科学技术厅，浙江省创业风险投资行业协会. 浙江省创业风险投资发展报告（2016）［R］. 浙江省创业风险投资行业协会，2016.

［115］郑锦亚，迟国泰. 基于差异系数 σ/μ 的最优投资组合方法［J］. 中国管理科学，2001（1）：1 - 5.

[116] 郑君君. 非对称信息下不同阶段风险投资决策研究 ［M］. 北京: 科学出版社, 2013.

[117] 郑克岭, 张宇明. 风险投资发展中的政府责任探析 ［J］. 学术交流, 2007（9）: 72-75.

[118] 周涛, 鲁耀斌, 张金隆等. 整合 TTF 与 UTAUT 视角的移动银行用户采纳行为研究 ［J］. 管理科学, 2009, 22（3）: 75-82.

[119] 周育红. 中国创业投资网络的动态演进及网络绩效效应研究 ［D］. 广州: 华南理工大学, 2013.

[120] 朱宁, 马骥. 风险条件下农户种植制度选择与调整——以北京市蔬菜种植户为例 ［J］. 中国农业大学学报, 2013, 18（4）: 216-223.

[121] 朱文莉, 刘思雅. 政府创业投资引导基金发展现状、问题及对策 ［J］. 会计之友, 2014（2）.

[122] 邹辉文, 陈德锦, 张玉臣, 等. 风险投资项目的终选方法和评估指标 ［J］. 科研管理, 2002, 23（5）: 104-109.

[123] Abraham F, Tupamahu S. Interpersonal Competence, Entrepreneurial Characteristics as Market Orientation Basis and Micro and Small Enterprises in Start-up Business Phase.

[124] Adize I. Corporate Lifecycles: How and Why Corporation Grow and Die and What to Do about It ［M］. NJ: Prentice Hall, 1989: 10-40.

[125] Aernoudt C. Why do Venture Capital Firms Exist? Theory and Canadian Evidence ［J］. Journal of Business Venturing, 2003, 13（6）: 441-465.

[126] Alexy O T. Social capital of venture capitalists and start-up funding ［J］. Small Business Economics, 2012, 39（4）: 835-851.

[127] Anderson J C, Gerbing D W. Structural Equation Modeling in Practice: A Review and Recommended Two-Step Approach ［J］. Psychological Bulletin, 1988,（3）: 411-423.

[128] Artzner P, Delbaen F, Eber J M, et al. A Characterization of Measures of Risk ［J］. Journal of Combinatorial Theory, 1997, 120（1）: 39-48.

[129] Bachher J S, Guild P D. Financing early stage technology based companies: investment criteria used by investors ［J］. Frontiers of Entrepreneurship

Research, 1996: 363 – 376.

［130］Bachmann R, Schindele I. Theft and Syndication in Venture Capital Finance ［R］. SSRN Working Paper, 2006, April 10.

［131］Bagozzi R P, Yi Y. On the Evaluation of Structure Equation Models ［J］. Journal of the Academy of Marketing Science, 1998, 16 （1）: 74 – 94.

［132］Baker M, Gompers P A. The Determinants of Board Structure at the Initial Public Offering ［J］. general information, 2003, 46 （2）: 569 – 598.

［133］Bar – Shira Z, Finkelshtain I. Labour on the family farm: A theory under uncertainty-an extension ［J］. Agricultural Economics, 1992, 8 （1）: 33 – 43.

［134］Bar – Shira Z, Just R E, Zilberman D. Estimation of farmers' risk attitude: an econometric approach ［J］. Agricultural Economics of Agricultural Economists, 1997, 17 （2 – 3）: 211 – 222.

［135］Beard R G, Dess U. Do UK venture capitalists still have abias against investment in new technology firms ［J］. ResearchPolicy, 2002, 31: 1009 – 1030.

［136］Beckman C M, Burton M D, O'Reilly C. Early teams: The Impact of Team Demography on VC Financing and Going Public ［J］. Journal of Business Venturing, 2007, 2 （22）: 147 – 173.

［137］Bernard S B, Ronald J G. Comparing of charge: evolution and institutional differences in the venture capitalindustries in the U. S, Japan and Germany ［J］. Comparative Study of Technological Evolution, 1998, 7: 227 – 250.

［138］Bertoni F, D'Adda D, Grilli L. Cherry-picking or frog-kissing? A theoretical analysis of how investors select entrepreneurial ventures in thin venture capital markets ［J］. Small Business Economics, 2016, 46 （3）: 391 – 405.

［139］Black B S, Gilson R J. Venture Capital and the Structure of Capital Market: Banks Versus Stock Markets. Journal of Financial Economics, 1998: 87 – 11.

［140］Bonett D G, Bentler P M. Significance tests and goodness of fit in the analysis of covariance structures. ［J］. Psychological Bulletin, 1980, 88 （3）: 588 – 606.

［141］ Bonini S, Alkan S. The political and legal determinants of venture capital investments around the world. Small Bus Econ. 2012, 39（4）: 997 – 1016.

［142］ Boocock G. The Evaluation Criteria used by Venture Capitalists: Evidence from a UK Venture Fund ［J］. International Small Business Journal, 1997, 16: 36 – 57.

［143］ Borch K. Another Note on Keynesian Mathematics ［J］. Economic Journal, 1969, 79（313）: 182 – 183.

［144］ Bottazzi L, Rin M D, Hellmann T. What is the Role of Legal Systems in Financial Intermediation? Theory and Evidence. Journal of Financial Intermediation, 2009, 4（18）: 559 – 598.

［145］ Brander J A, Du Q, Hellmann T. The Effects of Government – Sponsored Venture Capital: International Evidence ［J］. Review of Finance, 2015, 19（2）: 571 – 618.

［146］ Brander J, Hellmann T, Du. Government as Venture Capitalists: Striking the right balance ［R］. The Global Eco-nomic Impact of Private Equity Report, 2010, 27 – 38.

［147］ Brander W D. Syndicated investments by venture capital firms: A net working perspective ［J］. Journal of Business Venturing, 2010, 2（2）: 139 – 154.

［148］ Bruton Z, Rubanik L. Carbon Price Volatility: Evidence From EU ETS ［J］. Applied Energy, 2011, 88（3）: 590 – 598.

［149］ Bygrave W D. The structure of the investment networks of venture capital firms ［J］. Journal of Business Venturing, 1988, 3（88）: 137 – 157.

［150］ Bygrave W D, Timmons J A Venture capital at the crossrodes ［M］. Harvard Business School Press, 1992.

［151］ Byrne B M. Structural equation modeling with EQS and EQS/Windows ［M］. Thousand Oaks, 1994.

［152］ Cable D M, Shane S. A prisoner's dilemma approach to entrepreneur-venture capitalist relationships ［J］. Academy of Management Review, 1997, 22: 142 – 176.

[153] Casamatta C. Financing and advising: Optimal financial contracts with venture capitalists [J]. Journal of Finance, 2003, 58 (5): 2059 – 2085.

[154] Castellaneta F, Conti R, Kacperczyk A. Money Secrets: How Do Trade Secrets Affect Firm Value? Evidence from a Quasi – Natural Experiment [J]. Social Science Electronic Publishing, 2015.

[155] Chang H H. Task-technology fit and user acceptance of online auction [M]. Academic Press, Inc, 2010.

[156] Chang H H. Technical and management perceptions of enterprise information system importance, implementation and benefits [J]. Information Systems Journal, 2010, 16 (3): 263 – 292.

[157] Charnes A, W W Cooper, E. Rhodes. Measuring the efficiency of decision making units [J]. European Journal of Operational Research, 1978, 2 (6): 429 – 444.

[158] Chau P Y K, Kuan K K Y, Liang T P. Research on IT value: what we have done in Asia and Europe [J]. European Journal of Information Systems, 2007, 16 (16): 196 – 201.

[159] Chin W W. The partial least squares approach for structural equation modeling [D]. University of Houston, 1998.

[160] Clarysse B, Knockaert M, Lockett A. How do Early Stage High Technology Investors Select Their Investments? [J]. General Information, 2005.

[161] Clarysse B, Knockaert M, Wright M. Benchmarking UK Venture Capital to the US and Isreal: What lessons can be learned? [R]. BVCA Report, 2009: 9 – 24.

[162] Clarysse M. The Effect of Venture Capital on Innovation Strategies [R]. Working Paper, NBER, 2009.

[163] Colombelli A, Krafft J, Vivarelli M. Entrepreneurship and Innovation: New Entries, Survival, Growth [R]. Gredeg Working Papers, 2016.

[164] Cui L, Zhang C, Zhang C, Huang L. Exploring IT Adoption Process in Shanghai Firms: An Empirical Study [J]. Journal of Global Information Management, 2008, 16 (2): 1 – 17.

[165] Cumming D J, MacIntosh J G. Crowding Out Private Equity: Canadian Evidence [J]. Journal of Business Venturing, 2009, 21 (3): 569 – 609.

[166] Davis F D, Bagozzi R P, Warshaw P R. User Acceptance of Computer Technology: A Comparison of Two Theoretical Models [J]. Management Science, 1989 (8): 982 – 1003.

[167] Davis F D, Venkatesh V. A critical assessment of potential measurement biases in the technology acceptance model: three experiments [J]. International Journal of Human – Computer Studies, 1996, 45 (1): 19 – 45.

[168] DeLone W H, McLean E R. Information Systems Success: The Quest for the Dependent Variable [J]. Information Systems Research, 1992, 3 (1): 60 – 95.

[169] Dillon J L, Scandizzo P L. Risk Attitudes of Subsistence Farmers in Northeast Brazil: A Sampling Approach [J]. American Journal of Agricultural Economics, 1978, 60 (3): 425 – 435.

[170] Dimov D P, Shepherd D A. Human capital theory and venture capital firms: exploring "home runs" and "strike outs" [J]. Journal of Business Venturing, 2005, 20: 1 – 21.

[171] Dishaw M T, Strong D M. Supporting software maintenance with software engineering tools: a computed task-technology fit analysis [J]. Journal of Systems and Software, 1998, 44 (98): 107 – 120.

[172] Dixon R. Venture capitalists and the appraisal of investments [J]. general information, 1991, 19 (91): 333 – 344.

[173] Fabozzi F J, Markowitz H M, Gupta F The theory and Practice of in Uestment management [J]. Portfolio Selection, 1952, 7 (1): 77 – 91.

[174] Fama E F, Blume M E. Filter Rules and Stock – Market Trading [J]. Journal of Business, 1966, 39 (1): 226 – 241.

[175] Fisher K L, Statman M. The sentiment of investors, large and small [J]. Leavey School Faculty, 1999.

[176] Fornell C, Larcker D F. Evaluating Structural Equation Models with Unobservable Variables and Measurement Error [J]. Journal of Marketing Research

（JMR），1981，18（1）：39 – 50.

　　［177］ Fried V H, Hisrich R D, Polonchek A. Research Note: Venture Capitalists' Investment Criteria: A Replication ［J］. Journal of Entrepreneurial Finance, 1993: 37 – 42.

　　［178］ Galbraith J. The Stages of Growth ［J］. Journal of Business Strategy, 1982, 3（4）：70 – 79.

　　［179］ Gebauer J, Shaw M, Gribbins M. Usage and Impact of Mobile Business Applications – An Assessment Based on the Concepts of Task/Technology Fit ［C］. Proceedings of the Tenth Americas Conference on Information Systems, 2004.

　　［180］ Gompers P A. Optimal Lerner l Investment, Monitoring and the Staging of Venture Capital ［J］. The Journal of Finance, 1999, 50（5）：1462 – 1486.

　　［181］ Gompers P, Kovner A, Lerner J, et al. Performance persistence in entrepreneurship ［J］. Journal of Financial Economics, 2010, 96（1）：18 – 32.

　　［182］ Goodhue D L. Development and Measurement Validity of a Task – Technology Fit Instrument for User Evaluations of Information System ［J］. Decision Sciences, 1998, 29（1）：105 – 138.

　　［183］ Goodhue D, Littlefield R, Straub D W. The measurement of the impacts of the IIC on the end-users: The survey ［J］. Journal of the American Society for Information Science, 1997, 48（5）：454 – 465.

　　［184］ Goodhue D L, Klein B D, March S T. User evaluations of IS as surrogates for objective performance ［J］. Information & Management, 2000, 38（2）：87 – 101.

　　［185］ Goodhue D L, Thompson R L. Task – Technology Fit and Individual Performance ［J］. MIS Quarterly, 1995, 19（2）：213 – 236.

　　［186］ Goodhue D L. Understanding User Evaluations of Information Systems ［J］. general information, 1995, 41（12）：1827 – 1844.

　　［187］ Gorman M, Sahlman W A. What do venture capitalists do? ［J］. general information, 1989, 4（4）：231 – 248.

　　［188］ Gosain S. Enterprise Information Systems as Objects and Carriers of Institutional Forces: The New Iron Cage? ［J］. Journal of the Association of Information Systems, 2004, 5 (4): 151 - 182.

[189] Guerini M, Quas A. Governmental venture capital in Europe: Screening and certification [J]. Journal of Business Venturing, 2016, 31 (2): 175 - 195.

[190] Hair J F, Black W C, Babin B J, Anderson R E, Tatham R L. Multivariate Data Analysis [M]. New Jersey: Prentice - Hall Press, 2006.

[191] Hall J, Hofer C W. Venture capitalists' decision criteria in new venture evaluation [J]. Journal of Business Venturing, 1993, 8 (1): 25 - 42.

[192] Hambrick D C, Mason P A. Upper Echelons: The Organization as a Reflection of its Top Managers [J]. Social Science Electronic Publishing, 1984, 9 (2): 193 - 206.

[193] Hamilton J. A new approach to the economic analysis of nonstationary time seriesand the business cycle [J]. Econometrica: Journal of the Econometric Society, 1989: 357 - 384.

[194] Hanks S H, Watson C J, Jansen E, et al. Tightening the Life - Cycle Construct: A Taxonomic Study of Growth Stage Configurations in High - Technology Organizations [J]. Entrepreneurship Theory and Practice, 1993, (2): 5 - 29.

[195] Hazell P B R. A Linear Alternative to Quadratic and Semivariance Programming for Farm Planning under Uncertainty: Reply [J]. American Journal of Agricultural Economics, 1971, 53 (4): 664 - 665.

[196] Hsu D H. What Do Entrepreneurs Pay for Venture Capital Affiliation? [J]. general information, 2004, 59 (4): 1805 - 1844.

[197] Igbariaa M, Tan M. The consequences of information technology acceptance on subsequent individual performance [J]. Information & Management, 1997, 32 (3): 113 - 121.

[198] Islam M A, Khan M A, Obaidullah A Z M, et al. Effect of Entrepreneur and Firm Characteristics on the Business Success of Small and Medium Enterprises (SMEs) in Bangladesh [J]. International Journal of Business & Management, 2011, 6 (3).

[199] Jeng L A, Philippe C. Wells. The determinants of venture capital fun-

ding: evidence across countries [J]. Journal of Corporate Finance, 2000 (6).

[200] Jones M, Mlambo C. Early-stage venture capital in South Africa: Challenges and prospects [J]. Chipo Mlambo, 2009, 44 (4): 1 – 12.

[201] Kahneman D, Tversky A. Prospect theory: An analysis of decision under risk. [J]. Econometrica, 1979, 47 (2): 263 – 291.

[202] Kankanhalli A, Tan B C Y, Wei K. Understanding seeking from electronic knowledge repositories: An empirical study [J]. Journal of the American Society for Information Science and Technology, 2005, 56 (11): 1156 – 1166.

[203] Kaplan S N, Stromberg P. How do Venture Capitalists choose investments? [D]. Working paper, University of Chicago, 2000.

[204] Kehkha A A, Mohammadi G S, Villano R A. Agricultural Risk Analysis in the Fars Province of Iran: A Risk – Programming Approach [R]. Working Papers, 2005.

[205] Keuschnigg C, Nielsen S B. Start-ups, venture capitalists and capital gain tax [J]. Journal of Public Econrnics, 2004.

[206] Khoury T A, Junkunc M, Mingo S. Navigating Political Hazard Risks and Legal System Quality [J]. Journal of Management, 2015, 41 (3): 808 – 840.

[207] Klopping I M, McKinney E. Extending the Technology Acceptance Model and the Task – Technology Fit Model to Consumer E – Commerce [J]. Information Technology, Learning & Performance Journal, 2004: 22: 35 – 48.

[208] Krishnan C N, Ronald W, Masulis Ajai K. Does Venture Capital Reputation Matter? Evidence from Successful IPOs [EB/OL]. http: //ssrn. com/abstract = 910982, 2007 – 06 – 20.

[209] Kuan K K Y, Chau P Y K. A perception-based model for EDI adoption in small businesses using a technology-organization-environment framework [J]. Information and Management, 2001, 38 (8): 507 – 521.

[210] Lee C, Cheng H K, Cheng H, et al. An empirical study of mobile commerce in insurance industry: Task – technology fit and individual differences [J]. Decision Support Systems, 2007, 43 (1): 95 – 110.

[211] Lemer J. The Government as Venture Capitalist The Long Run lmPaetof the SBIR Program [J]. Joumal of Business, 1999, 72 (3): 293 –316.

[212] Lentz N. Measuring of Business Performance in Strategy Research: A Comparison Approach [J]. Academy of Management Review, 1981, 11 (4): 801 –814.

[213] Lerner J. The government as a venture capitalist: The long-run impact of the SBIR program. Journal of Business, 1999, 72: 285 –318.

[214] Lerner J. The Government as Venture Capitalist. The Long-run Effects of the SBIC Program [J]. Journal of Business, 1999, 72 (3): 285 –318.

[215] Lerner J. Venture Capitalists and the Oversight of Private Firms [J]. Journal of Finance, 1995, 50 (1): 301 –318.

[216] Liang T P, Huang C W, Yeh Y H, et al. Adoption of mobile technology in business: a fit-viability model [J]. Industrial Management & Data Systems, 1980, 107 (8): 1154 –1169.

[217] Liang T, Wei C. Introduction to the Special Issue: Mobile Commerce Applications [J]. International Journal of Electronic Commerce, 2004, 8 (3): 7 –17.

[218] Lin T, Huang C. Understanding knowledge management system usage antecedents: An integration of social cognitive theory and task technology fit [J]. Information & Management, 2008, 45 (6): 410 –417.

[219] Luarn P, Lin H H. A Customer Loyalty Model for E – Service Context [J]. Jelectron commerce Res, 2003, 4: 156 –167.

[220] Luarn P, Lin H. Toward An Understanding Of The Behavioral Intention To Use Mobile Banking [J]. Computers in Human Behavior. , 2005, 21 (6): 873 –891.

[221] Lu H P, Yang Y W. Toward an understanding of the behavioral intention to use a social networking site: An extension of task-technology fit to social-technology fit [J]. Computers in Human Behavior, 2014, 34: 323 –332.

[222] Macmillan I C, Kulow D M, Khoylian R. Venture capitalists involvement in their investments: Extent and performance [J]. Journal of Business Ventu-

ring, 1989, 4 (1): 27 –47.

[223] Macmillan I C, Siegel R, Narasimha P N S. Criteria Used by Venture Capitalists to Evaluate New Venture Proposals [J]. Social Science Electronic Publishing, 1985, 1: 119 – 128.

[224] Macmillan I C, Zemann L, Subbanarasimha P N. Criteria Distinguishing Successful from Unsuccessful Ventures in the Venture Screening Process [J]. Social Science Electronic Publishing, 1987, 2 (2): 123 –137.

[225] Markowitz H M. Investments in large numbers of securities [J]. Econometrica, 1959.

[226] Markowitz H. Porfolio Selection [J]. Theory & Practice of Investment Management Asset Allocation Valuation Portfolio Construction & Strategies Second Edition, 1952, 7 (1): 77 –91.

[227] Martín S S, LópezCatalán B, RamónJerónimo M A. Factors determining firms' perceived performance of mobile commerce [J]. Industrial Management & Data Systems, 2012, 112 (6): 946 –963.

[228] Milberg S J, Whan Park C, McCarthy M S. Managing negative feedback effects associated with brand extensions: The impact of alternative branding strategies [J]. Journal of Consumer Psychology, 1997, 6 (2): 119 –140.

[229] Miloud T, Aspelund A, Cabrol M. Startup valuation by venture capitalists: an empirical study [J]. Venture Capital, 2012, 14 (2 –3): 151 –174.

[230] Mokwa C F, Sievers S. The Relevance of Biases in Management Forecasts for Failure Prediction in Venture Capital Investments [J]. Ssrn Electronic Journal, 2012.

[231] Mossin J. Wages, Profits, and the Dynamics of Growth [J]. Quarterly Journal of Economics, 1966, 80 (3): 376.

[232] Nanda R, Rhodes – Kropf M. Investment cycles and startup innovation [J]. Journal of Financial Economics, 2013, 110 (2): 403 –418.

[233] Neumann J V, Morgenstern O. The Theory of Games and Economic Behaviour [J]. Princeton University Press Princeton N J, 1944, 26 (1): 131 – 141.

［234］Ning Y, Wang W, Yu B. The driving forces of venture capital investments ［J］. Small Business Economics, 2015, 44 (2): 315 – 344.

［235］Nunnally J C, Bernstein I H. Psychometric theory ［EB/OL］. 10. 2307/1161962.

［236］O'Donnell J, Shelly M, Jackson M, et al. Australian Case Studies in Mobile Commerce ［J］. Journal of Theoretical and Applied Electronic Commerce Research, 2007, 2 (2): 1 – 18.

［237］Park H D, Tzabbar D. Venture capital, CEOs' of power, and innovation novelty at different life stages of a new venture ［J］. Organization Science, 2016, 27 (2): 336 – 353.

［238］Paul A. Gompers, Josh Lerner, Margaret M. Blair, et al. What Drives Venture Capital Fundraising? ［J］. Brookings Papers on Economic Activity. Microeconomics, 1998 (1): 149 – 204.

［239］Petkova A P, Rindova V P, Gupta A K. No News Is Bad News: Sensegiving Activities, Media Attention, and Venture Capital Funding of New Technology Organizations ［J］. Organization Science, 2013, 24 (3): 865 – 888.

［240］Poindexter J B. The efficiency of financial markets: the venture capital case ［D］. New York University, Graduate School of Business Administration, 1976.

［241］Poterba. Corporate Control and Performance Requirements in Venture Capital Contracts ［J］. International Economic Review, 1987, 31 (2): 365 – 381.

［242］Pruthi S, Wright M, Lockett A. Do Foreign and Domestic Venture Capital Firms Differ in Their Monitoring of Investees? ［J］. Asia Pacific Journal of Management, 2003, 20 (2): 175 – 204.

［243］Rah J, Jung K, Lee J. Validation of the venture evaluation model in Korea ［J］. Journal of Business Venturing, 1994, 9 (6): 509 – 524.

［244］Read S, Song M, Smit W. A Meta – Analytic Review of Effectuation and Venture Performance ［J］. Journal of Business Venturing, 2008, 2: 1 – 19.

［245］Rin M D, Nicodano G, Sembenelli A. Public policy and the creation of active venture capital markets [J]. Journal of Public Economics, 2006.

[246] Robinson C. The causes and consequences of venture capital stage financing [J]. Journal of Financial Economics, 1998, 101 (1): 132 – 159.

[247] Romain A. Finacial contracting and the role of venture capitalists [J]. Journal of Finance, 2003, 49: 371 – 402.

[248] Roure J B, Keeley R H. Predictors of success in new technology based ventures [J]. Journal of Business Venturing, 1990, 5 (90): 201 – 220.

[249] Sapienza H J, Gupta A K. Impact of Agency Risks and Task Uncertainty on Venture Capitalist – CEO Interaction [J]. Academy of Management Journal, 1994, 37 (6): 1618 – 1632.

[250] Schoar A, Kaplan S N. Private Equity Performance: Returns, Persistence, and Capital Flows [J]. The Journal of Finance, 2005, 60 (4): 1791 – 1823.

[251] Söderblom A, Samuelsson M, Wiklund J, et al. Inside the black box of outcome additionality: Effects of early-stage government subsidies on resource accumulation and new venture performance [J]. Research Policy, 2015, 44 (8): 1501 – 1512.

[252] Sharpe W F. A Simplified Model of Portfolio Analysis [J]. Management Science, 1963, 9 (2): 277 – 293.

[253] Sharpe W F. Capital Asset Prices: a Theory of Market Equilibrium Under Conditions of Risk [J]. The Journal of Finance, 1964, 19 (3): 425 – 442.

[254] Shearman C, Burrell G. New technology based firms and the emergence of new industries: some employment implications [J]. New Technology Work and Employment, 1988, 3 (2): 87 – 99.

[255] Shefrin H, Statman M. Behavioral Portfolio Theory [J]. The Journal of Financial and Quantitative Analysis, 2000, 35 (2): 127 – 151.

[256] Shih H. Extended technology acceptance model of Internet utilization behavior [J]. Information & Management, 2004, 41 (6): 719 – 729.

[257] Staples D S, Seddon P. Testing the Technology-to – Performance Chain Model [J]. Journal of Organizational and End User Computing (JOEUC), 2004,

16 (4): 17 - 36.

[258] Tjan A K. Finally, a way to put your Internet portfolio in order [J]. Harvard Business Review, 2001, 79 (2): 76 - 85.

[259] Tobin J. Estimation of Relationships for Limited Dependent Variables [J]. Econometrica, 1958, 26 (1): 24 - 36.

[260] Tornatzky L G, Fleischer M, editors. The process of technological innovation [M]. Lexington (MA): Lexington Books, 1990: 151 - 75.

[261] Turban E, Liang N B T. Enterprise Social Networking: Opportunities, Adoption, and Risk Mitigation [J]. Journal of Organizational Computing and Electronic Commerce, 2011, 21 (3): 202 - 220.

[262] Tversky A, Kahneman D. Advances in Prospect Theory: Cumulative Representation of Uncertainty [J]. Journal of Risk & Uncertainty, 1992, 5 (4): 297 - 323.

[263] Tyebjee T T, Bruno A V. A Model of Venture Capitalist Investment Activity [J]. general information, 1984, 30 (9): 1051 - 1066.

[264] Van Auken H E, Carter R. Acquisition of capital by small business [J]. Journal of Small Business Management, 1989, 27 (2): 1 - 9.

[265] Venkatesh V, Morris M G, Davis G B, et al. User Acceptance of Information Technology: toward a Unified view [J]. Mis Quarterly, 2003, 27 (3): 425 - 478.

[266] Vinzi V E, Russolillo G. Partial least squares algorithms and methods [J]. Wiley Interdisciplinary Reviews: Computational Statistics, 2013, 5 (1): 1 - 19.

[267] Wang Y, Lin H, Luarn P. Predicting consumer intention to use mobile service [J]. Information Systems Journal, 2006, 16 (2): 157 - 179.

[268] Wang Y - S, Wu S C, Wang Y M. The measurement and dimensionality of e-learning blog satisfaction: Two-stage development and validation [J]. Internet Research, 2006, 24 (5): 546 - 565.

[269] Wan W. The Effect of External Monitoring on Accrual - Based and Real Earnings Management: Evidence from Venture - Backed Initial Public Offerings

[EB/OL]. 10. 1111/j. 1911 – 3846. 2011. 01155. x.

[270] Watts R, Zimmerman J. The Markets for Independence and Independent Auditors [J]. 1981.

[271] Wells J D, Sarker S, Urbaczewski A, et al. Studying customer evaluations of electronic commerce applications: a review and adaptation of the task-technology fit perspective [C]. Proceedings of the 36th Annual Hawaii International Conference on. IEEE, 2003.

[272] Wells W A. Venture Capital Decision-making [J]. Venture Capital Decision-making, 1974.

[273] Wiklund J, Patzelt H, Shepherd D A. Building an integrative model of small business growth [J]. Small Business Economics, 2009, 32 (4): 351 – 374.

[274] Wik M, Holden S T. Experimental studies of peasant's attitudes toward risk in Northern Zambia [J]. Discussion Papers from Department of Economics & Social Sciences, 1998.

[275] Wold H. Partial Least Squares [J]. Encyclopedia of Statistical Sciences, 1985, 6: 581 – 591.

[276] Xu S, Zhu K, Gibbs J. Global technology, local adoption: across-country investigation of internet adoption by companies in the United States and China [J]. Electronic Markets, 2004, 14 (1): 13 – 24.

[277] Yang W. Examining the Impact of Government Investment in Venture Capital on Entrepreneurship Financing: Does It Make a Difference? [M] // Global Entrepreneurship: Past, Present & Future, 2016.

[278] Yen D C, Wu C, Cheng F, et al. Determinants of users' intention to adopt wireless technology: An empirical study by integrating TTF with TAM [J]. Computers in Human Behavior, 2010, 26 (5): 906 – 915.

[279] Zarutskie R. The Role Of Top Management Team Human Capital In Venture Capital Markets: Evidence From First – Time Funds [J]. general information, 2010, 25 (1): 155 – 172.

[280] Zarutskie R. The Role of Top Management Team Human Capital in

Venture Capital Markets: Evidence from First – Time Funds [J]. Social Science Electronic Publishing, 2008, 25 (1): 155 – 172.

[281] Zhou Y L, Bao M Y, Xiao – Fang H U. Study on Equity Financing Problem Before IPO of Start-up Enterprises in China [J]. Pioneering with Science & Technology Monthly, 2017.

[282] Zuhair S M M, Taylor D B, Kramer R A. Choice of utility function form: its effect on classification of risk preferences and the prediction of farmer decisions [J]. Agricultural Economics, 1992, 6 (4): 333 – 344.

[283] Zutshi R K, Tan W L, Allampalli D G, et al. Singapore venture capitalists (VCs) investment evaluation criteria: A re-examination [J]. Small Business Economics, 1999, 13 (1): 9 – 26.